★ 适合9至10岁 ★

慧眼观天下

HUIYAN GUAN TIANXIA

主编 孙传文

上海教育出版社
SHANGHAI EDUCATIONAL PUBLISHING HOUSE

名家寄语

学习语文，不能只读语文课本，还必须广泛阅读。

广泛阅读，可以提高阅读理解力；

广泛阅读，可以丰富知识，开阔视野；

广泛阅读，可以提升思维力、鉴赏力；

广泛阅读，可以促进人的精神成长。

新编的“语文主题学习”读本，包括古诗文经典诵读、优秀作品专题阅读和整本书阅读，是落实课内外阅读一体化的优质资源。

捧起这套读本读起来，你会越来越享受阅读，你的一生一定会因为阅读而精彩！

崔峦

用阅读滋养你的心灵，
让你变得聪明善良，胸怀
宽广，更富想象力和创造力。

张之路

发现美，学会爱，表达自己，
在阅读和写作中不断进步！

王一梅

閱讀是開啟美
好人生的鑰匙

趙麗宏
庚子九月

为自己读书
为美好读书

肖复兴
庚子春末

读经典的书
做优秀的人

[illegible]

幻想，从现实起飞

刘兴诗

目录

经典诵读

专题阅读一

范文阅读

组文阅读

自由阅读

专题阅读二

范文阅读

组文阅读

自由阅读

整本书阅读

经典诵读

山川之美，古来共谈。山川之美，在其形，在其姿，在其幻。一代代的文人墨客流连于山水之间，借山水寄托情感、抚慰伤痛。

请同学们阅读本组古诗文，感受古诗文的节奏美、韵律美，品味古诗文所寄寓的情感。

扫码收听朗诵音频

1 晚　春

［唐］韩愈

草树知春不久归①，

百般红紫斗芳菲②。

杨花榆荚③无才思，

惟解④漫天作雪飞。

注释

① 归：归去。
② 芳菲：花草繁茂芬芳。
③ 榆荚：即榆钱。榆树未生叶时，先在枝条间生榆荚，榆荚老时呈白色，随风飘落。
④ 惟解：只知道。

译文

草木知道春天不久就要归去，各种花草珍惜这时光竞相争奇斗艳。没有才思的杨树、榆树，只知道让杨花、榆荚随风飘荡，像雪花似的漫天飞舞。

② 夏日山中

[唐] 李白

懒摇白羽扇，

裸袒（tǎn）①青林②中。

脱巾③挂石壁，

露顶④洒松风⑤。

注释

① 裸袒：赤身露体。裸，露出，没有遮盖。袒，脱去上衣，露出身体一部分。
② 青林：指山中树木苍翠，遮天蔽日。
③ 巾：用以裹发的幅巾。
④ 露顶：露出头顶。
⑤ 松风：松树间吹过的凉风。

译文

懒得摇动白羽扇来祛暑，因为人烟稀少，脱去衣服，袒露着身体沐浴在青翠的山林中。解下头巾挂在石壁上，任由松树间的凉风吹过头顶。

扫码收听朗诵音频

③ 丰乐亭游春（其三）

［宋］欧阳修

红树[①]青山日欲斜，
长郊[②]草色绿无涯[③]。
游人不管春将老[④]，
来往亭前踏落花。

注释

① 红树：开红花的树。
② 长郊：广阔的郊野。
③ 无涯：无边际。
④ 春将老：春天将要过去。

译文

红花满树，青山隐隐，日已偏西。广阔的郊野，草色青绿，看不见边际。游春的人们，兴趣正浓，哪管春天将去。丰乐亭前，人来人往，落花遍地。

扫码收听朗诵音频

④ 答谢中书书

[南朝齐梁]陶弘景

山川之美，古来共谈。高峰入云，清流见底。两岸石壁，五色交辉[①]。青林翠竹，四时俱备。晓雾将歇[②]，猿鸟乱鸣；夕日欲颓，沉鳞[③]竞跃。实是欲界[④]之仙都。自康乐[⑤]以来，未复有能与（yù）[⑥]其奇者。

注释

① 五色交辉：这里形容石壁色彩斑斓，交相辉映。
② 歇：消散。
③ 沉鳞：指水中潜游的鱼。
④ 欲界：这里指人间。
⑤ 康乐：指南朝宋山水诗人谢灵运，他被封为康乐公。
⑥ 与：参与。这里有欣赏、领悟的意思。

译文

山河的壮美，自古以来人们就谈论它，赞美它。高峰直插云霄，清流澄澈见底。两岸的石壁色彩斑斓，交相辉映。一年四季，林青竹绿。晨雾即将散去，猿啼鸟鸣，声音交织在一起；夕阳渐渐西沉，鱼儿争相跳跃。实在是人间仙境啊！自大诗人谢灵运以来，不再有能欣赏这奇山异水的人了。

扫码收听朗诵音频

5 喜　晴

［宋］范成大

窗间梅熟落蒂①，
墙下笋成出林。
连雨②不知春去，
一晴方觉夏深。

注释

① 蒂：瓜、果等跟茎、枝相连的部分。
② 连雨：连续下雨。

窗外的梅子熟透掉落了，墙角的竹笋长成了一片竹林。整天下雨下得都不知道春天已经悄然离去，直到天放晴了，才发觉原来已经进入深夏了。

6 观潮（节选）

［宋］周密

浙江[①]之潮，天下之伟观也。自既望以至十八日[②]为最盛。方[③]其远出海门，仅如银线；既而渐近，则玉城雪岭，际天[④]而来，大声如雷霆，震撼激射，吞天沃日[⑤]，势极雄豪。杨诚斋[⑥]诗云“海涌银为郭，江横玉系腰”者是也。

注释

① 浙江：此处指钱塘江。

② 自既望以至十八日：从农历（八月）十六日到十八日。既望，农历十六日（十五日叫望）。

③ 方：当……时。

④ 际天：连接着天。

⑤ 沃日：冲荡太阳。形容波浪大。沃，荡涤，冲洗。

⑥ 杨诚斋：即杨万里，字廷秀，学者称“诚斋先生”，南宋杰出诗人。诗与尤袤、范成大、陆游齐名，称“中兴四大家”，亦作“南宋四大家”。

钱塘江的潮水，是天下雄伟的景观。从农历（八月）十六日到十八日，潮水是最壮观的。当潮水远远地从钱塘江入海口涌起的时候，几乎像一条银白色的线；不久（潮水）越来越近，玉城雪岭般的潮水连天涌来，声音大得像雷霆万钧，震撼天地，激扬喷射，吞没天空，冲荡太阳，气势极其雄伟豪壮。杨万里诗中说的“海涌银为郭，江横玉系腰”就是指这样的景象。

自然之美

观潮，看海，听雨，赏月……大自然以独有的方式展现给我们一幅幅雄奇多姿的画卷。

阅读本专题的文章，尝试把静态的语言文字转化为形象的画面和场景，在阅读中感受文字之美和情境之美。

范文阅读

①浙江潮

叶圣陶

我们从杭州乘汽车出发，行驶一个半钟头，经过海宁城，到了八堡；这段路程共五十四公里。时间正是十二点三十分，潮还没有来。江岸上看潮的人却已经聚得很多，男女老少都有；各种色彩、各种式样的服装，在晴明的阳光中显得鲜艳悦目。前面是缓缓流动的一江水。

读了这两个自然段，我知道了观赏浙江潮的地点，在那里看潮的人可真多！

我们沿着石塘走。看浙江省政府所立的石碑，知道这叫作“溪伊斜坡石塘”，是十九年（指1930年，编者注）七月完工的。溪伊大概是这里原来的村名；现在称八堡，因为从杭州起划分沿海区域，到这里是第八段的缘故。石塘作凹字形，为的减轻浪潮的冲击力；据说以前这里的旧塘曾被大潮冲坏，淹没了不少的田地和房屋。

十二点四十五分，忽然听得隆隆的声音，好像很远的地方有个工厂正开动着机器。“来了！来了！”塘上的人一齐伸长了脖子向远望。只见水天相接的地方涌起一条白线，江水却还是缓缓地流动。然而一转眼间，那声音就变得非常强大，轰轰地布满空间，使人屏住呼吸不敢作声。潮头已在前面不远的地方了，仿佛兵士排着队，穿着雪白的服装，滚滚地直向石塘扑来。这是南潮，潮头四五公尺（米）高。同时东面又突起一个潮头，像一大纵队的兵士急奔直进，和南潮正交，成“丁”字形。互相冲激的结果，潮头涌起得更高了；声音也更大，好像地球上立刻会有什么大变动到来似的。

读这段话，我仿佛看到了潮水来时的样子，听到了潮水隆隆的声音。请你闭上眼睛，在头脑中想象一下这壮观的画面吧！

南潮先到岸，用巨大的力量横拍石塘；浪花直溅，像积着雪的树，像美丽的小冰山。江面完全皱了，颜色转暗，白浙江潮可真壮观啊！我要给小伙伴讲一讲。

泡沫急速地跳荡着。东潮紧跟在南潮的后头，高达七八公尺，忽起忽落，像千万骑兵冲锋奔来，斜掠着塘角。东南两潮这样地冲撞着，攻击塘岸，共有十多次，才一齐向上游涌去。明明就是这一江水，然而和先前大不相同了，它奔腾，它呼号，气势可以吞没一切，谁还记得它缓缓流动的旧面目！

我们看出了神，大家都没有话说，只有兴奋的眼光互相看了一眼，仿佛说：“这就是浙江潮呀！”

阅读链接

叶圣陶（1894—1988），名绍钧，江苏苏州人。中国作家、教育家、出版家、社会活动家，有“优秀的语言艺术家”之称，是中国现代童话创作的拓荒者。著作有《小白船》和《叶圣陶语文教育论集》等。

2 钱塘江的夜潮（节选）

钟敬文

下车后，即到海塘上指定的观潮处。这时，塘基上挤满了观众，如一个热闹的夜市。江上水色，一望无涯，月光罩在上面，如盖着一重轻纱。离开了座位，移步到一块比较人迹稀疏的树荫下，默对着壮旷、苍茫的自然，悠然意远。日常的思虑，到此都逃遁(dùn)净尽，连特别为此而来的观潮的意念，暂时也好像不知去向了。小立移时，再回到座位上。夜意已深，寒威加重，因未带大衣来，此时身上颇有些瑟缩。不久，耳畔隆隆的声音，自远方而至。大众都侧头向海门处遥望，并且彼此声音哗然。我知潮将来了，便也抖擞(sǒu)精神，站了起来向众人所瞩目之处望去。

读了这一段，我的头脑中浮现出大家等待观潮的热闹画面。

果然，潮终于来了！最初是一线白

痕，从远处慢慢移来，暂近暂快，声势亦暂大。忽而风驰电击似的从我们所立的塘基下奔过，向那一边移去。暂远暂迷模，终至于看不见。当潮之奔驰过我们眼前时，其高不过数尺，形状如釜里怒沸的开水，跃乱不可止息。奔驰过后，则江水增高了量度，而色样变得格外浑浊。这在月光下，是可以清楚地辨出来的。

我不觉失望了。我以为这自古以来，给文人士大夫所歌咏、观赏，百姓父老所乐于津津传说的钱塘江秋潮，至少应有些惊魂摄魄的奇伟气象。原来却是这样没有什么出人意表的平常！我们在海上经历过如山岳似的惊涛骇浪的人，对于这个有什么稀罕？便是我故乡沿海一带终日不息地一来一往冲激着的闲波浪，也不见得比这逊色多少！也许是今年我所见的，潮势比别年特别低小。但在我总算是扫却兴致了。并且，我想就尽管来得大些，也不见得如人们所大吹的那么“奇观”，自己从前所幻想的那么骇目！

很多文人墨客都喜欢以文字记录“钱塘江大潮”这一自然奇观，例如，唐代诗人刘禹锡在《浪淘沙(其七)》中就曾写道：“八月涛声吼地来，头高数丈触山回。须臾却入海门去，卷起沙堆似雪堆。”请你积累下来吧。

3 月光启蒙[1]

孙友田

童年的夏夜永远是美妙的。暑热散去了，星星出齐了，月亮升起来了，柔和的月色立即洒满了我们的篱笆小院。这是孩子眼里最美的时辰。母亲忙完了一天的活计，洗完澡，换了一件白布褂子，在院中的干草堆旁搂着我，唱起动听的歌谣：

月亮出来亮堂堂，打开楼门洗衣裳，洗得白白的，晒得脆脆的。

月儿弯弯像小船，带俺娘儿俩去云南，飞了千里万里路，凤凰落在梧桐树。凤凰凤凰一摆头，先盖瓦屋后盖楼。东楼西楼都盖上，再盖南楼遮太阳。

她用甜甜的嗓音深情地为我吟唱，轻轻地，像三月的和风，像小溪的流水。小

阅读这些文字，你的头脑中浮现出了怎样的画面？假如你也被母亲这样搂着，听着动听的歌谣，你会有怎样的感受呢？读一读，想一想，说一说吧。

---

①选入本书时略有删改。

院立即飘满她那芳香的音韵。

那时，我们日子清苦，但精神生活是丰富的。黄河留给家乡的故道不长五谷，却长歌谣。母亲天资聪颖，一听就会。再加上我的外婆是唱民歌的能手，我的父亲是唱莲花落(lào)的民间艺人。母亲用歌谣把对故乡的爱，伴着月光给了我，让一颗混沌的童心豁然开朗。

母亲唱累了就给我讲嫦娥奔月的故事，讲牛郎织女天河相会的故事……高深莫测的夜空竟是个神话的世界。此时明月已至中天，母亲沉浸在如水的月色里，像一尊玉石雕像。她又为我唱起了幽默风趣的童谣，把我的思绪从天上引到人间：

这句话运用了比喻的修辞手法，既有对景色的描写，也有对人物的描写，你发现了吗？

小红孩，上南山，割荆草，编箔(bó)篮，筛(shāi)大米，做干饭。小狗吃，小猫看，急得老鼠啃锅沿。

小老鼠，上灯台，偷油喝，下不来——老鼠老鼠你别急，抱个狸猫来哄你。

毛娃哭，住瓦屋。毛娃笑，坐花轿。毛娃醒，吃油饼。毛娃睡，盖花被。毛娃走，唤花狗，花狗伸着花舌头。

民谣童谣唱过了，我还不想睡，就缠着她给我说谜语，让我猜。母亲说：“仔细听着：麻屋子，红帐子，里边睡个白胖子——是什么呀？”

我问：“朝哪里猜？”

母亲说：“朝吃的猜。”

我歪着头想了一会儿，硬是解不开。母亲笑着说：“你真笨，是咱种的花生呀。”

母亲不识字，却是我的启蒙老师。是母亲用一双勤劳的手为我打开了民间文学的宝库，给我送来月夜浓郁的诗情。她让明月星光陪伴我的童年，用智慧才华启迪我的想象。她在月光下唱的那些明快、流畅、含蓄、风趣的民歌民谣，使我展开了想象的翅膀，飞向诗歌的王国。

这段文字语言优美，既写出了母亲对“我”的深远影响，也写出了“我”对母亲的深厚感情。

4 望　月

赵丽宏

夜深人静，我悄悄地走到江轮甲板上坐下来。

细细地读一读、品一品这段优美的文字吧！你的脑海中浮现出怎样的画面？和同学交流一下。

月亮出来了，安详地吐洒着它的清辉。月光洒落在长江里，江面被照亮了，流动的江水中，有千点万点晶莹闪烁的光斑在跳动。江两岸，芦荡、树林和山峰的黑色剪影，在江天交界处隐隐约约地伸展着，起伏着。月光为它们镀上了一层银色的花边……

偶然回头时，发现身边多了一个人，原来是跟随我出来旅行的小外甥。

“是月亮把我叫醒了。”小外甥调皮地朝我眨了眨眼睛，又仰起头凝望着天上的月亮出神了。小外甥聪明好学，爱幻想，和他交谈是一件很愉快的事情。

“我们来背诗好吗？写月亮的，我一句你一句。”小外甥向我挑战了。写月亮的诗多如繁星，他眼睛一眨就是一句。

他背：

“小时不识月，呼作白玉盘。”

我回他：

“明月几时有，把酒问青天。”

“床前明月光，疑是地上霜。”

“野旷天低树，江清月近人。”

“月落乌啼霜满天，江枫渔火对愁眠。”

“峨眉山月半轮秋，影入平羌(qiāng)江水流。”

…………

诗，和月光一起，沐浴着我们，使我们沉醉在清幽旷远的气氛中。

突然，小外甥又冒出一个问题来：“你说，月亮像什么？”

他瞪大眼睛等我的回答，两个乌黑的

“我”和小外甥背了好多关于月亮的诗。多读几遍，想象一下诗句中描绘的画面。把这些优美的诗句积累下来吧！

瞳仁里，各有一个亮晶晶的小月亮闪闪发光。

“你说呢？你觉得月亮像什么？”我笑着反问道。

这是一个别出心裁的比喻，大胆、新奇而又贴切，给人留下深刻的印象。

“像眼睛，天的眼睛。”小外甥几乎不假思索地回答。

他的比喻使我惊讶。我好奇地问：“你说说，这是什么样的眼睛？”

小外甥想了一会儿，说：“这是明亮的眼睛。它很喜欢看我们的大地，所以每一次闭上了，又忍不住偷偷睁开，每个月都要圆圆地睁大一次……”他绘声绘色地说着，仿佛在讲一个现成的童话故事。

天边那些淡淡的云絮在不知不觉中聚集起来，一会儿，月光就被云层封锁了。“月亮困了，睁不开眼睛了。”小外甥打了个呵欠，摇摇晃晃地走回舱里去了。

在你的眼里，月亮像什么呢？请你也插上想象的翅膀，说一说吧。

甲板上又只留下我一个人。我久久凝视着月亮消失的地方，轻轻地展开了幻想的翅膀……

5 西湖秋泛

刘大白

（一）

苏堤横亘白堤纵：
横一长虹，
纵一长虹。

跨虹桥畔月朦胧：
桥样如弓，
月样如弓。

青山双影落桥东：
南有高峰，
北有高峰。

双峰秋色去来中：
去也西风，
来也西风。

本诗将苏堤与白堤喻为长虹，将桥与月比作弓，以不同之物作同比，相互映衬。

（二）

厚墩墩的软玻璃里，
倒映着碧澄澄的一片晴空：
一叠叠的浮云，
一羽羽的飞鸟，
一弯弯的远山，
都在晴空倒映中。

湖岸的，
叶叶垂杨叶叶枫；
湖面的，
叶叶扁舟叶叶篷；
掩映着一叶叶的斜阳，
摇曳着一叶叶的西风。

反复朗读这两首诗，说说诗中描绘了哪些景物，这些景物构成了怎样的画面。

6 会说话的草

雷抒雁

我从金灿灿的阳光下走来，
仰卧在青青的草坪上。
矢车菊和狗尾草，
轻轻地摇曳在我的身旁。

作者用诗意的语言为我们描绘了一个舒适、惬意的场景，用心地读一读、品一品吧。

我听见花在嬉笑，
听见草在喧嚷，
听见每一片叶子都在
　　耳边歌唱……

我觉得双脚
变成了白色的须根，
深深扎进了
　　黑色的土壤……

双脚扎进土壤，双手伸向太阳……这种身心与自然融合的感觉多么美妙啊！

两只手像两片绿色的葵叶，
高高地伸向太阳；
一只铁青色的蝈蝈，
大胆地爬在我的肩上……

风啊，水啊，阳光……
我是一株会说话的草，
我觉得我离不开你们，
离不开这脚下黑色的土壤！

日积月累

仰卧　摇曳　嬉笑　喧嚷
金灿灿的阳光　青青的草坪
白色的须根　黑色的土壤
绿色的葵叶　铁青色的蝈蝈

7 星

巴　金

在一本比利时短篇小说集里，我无意间见到这样的句子：

> 星星，美丽的星星，你们是滚在无边的空间中，我也一样，我了解你们……是，我了解你们……我是一个人……一个能感觉的人……一个痛苦的人……星星，美丽的星星……

我明白这个比利时某车站小雇员的哀诉的心情。好些人都这样地对蓝空的星群讲过话。他们都是人世间的不幸者。星星永远给他们以无上的安慰。

你有过夜晚观星的经历吗？

在上海一个小小的舞台上，我看见了屠格涅夫笔下的德国音乐家老伦蒙。他或者坐在钢琴前面，将最高贵的感情寄托在音乐中，呈献给一个人；或者立在蓝天底下，摇动他那白发飘飘的头，用赞叹的调子说着：“你这美丽的星星，你这纯洁的星星。”望着天空里眼瞳似的闪烁着的无数星星，他的眼睛润湿了。

我了解这个老音乐家的眼泪。这应该是灌溉灵魂的春雨吧。

车站小雇员、老音乐家、“我”，三个毫无关系的人，被写在同一篇文章里，却没有不和谐的感觉，这是为什么？

在我的房间外面，有一段没有被屋瓦遮掩的蓝天。我抬起头可以望见嵌在天幕上的几颗明星。我常常出神地凝视着那些美丽的星星。它们像一个人的眼睛，带着深深的关心望着我，从不厌倦。这些眼睛每一霎(shà)动，就像赐予我一次祝福。

在我的天空里星星是不会坠落的。想到这，我的眼睛也湿了。

8 天上的星星

贾平凹

大人们快活了，对我们就亲近，虽然那是为了使他们更快活，我们也乐意呢；但是，他们烦恼了，却要随意骂我们讨厌，似乎一切烦恼都要我们负担，这便是我们做孩子的，千思儿万想儿，也不曾明白。天擦黑，我们才在家捉起迷藏，他们又来烦了，大声呵斥，只好蹑(niè)蹑地出来，在门前树下的竹席上，躺下去，纳凉是了。

闲得实在无聊极了。四周的房呀，墙呀，树的，本来就不新奇，现在又模糊了，看上去黝(yǒu)黝的似鬼影。天上月亮还没有出来，星星也不见，昏亮亮的一个大大的天空。我们伤心了，垂下脑袋，不知道这夜该如何过去，痴呆呆儿守着瞌睡

作者对房子、墙、树、星星等的描写，营造出一种寂静、无聊的氛围，让我们感受到孩子们真是“无聊极了”。

虫爬上眼皮。

“星星！”妹妹突然叫了一声。

我们都抬起头来，原本是无聊得没事可做，随便看看罢了。但是，就在我们头顶，出现了一颗星星，小小的，却极亮极亮，分明看出是有无数个光角儿的。我们就好奇起来，数着那是四个光角儿呢，还是五个光角儿，但就在这个时候，那星的周围里，又出现了几个星星，这是那么一瞬间，几乎不容觉察，就明亮亮地出现了。啊，两颗，三颗……不对，十颗，十五颗……奇迹是这般迅速地出现，愈数愈多，再数亦不可数，一时间，漫天满空，一片闪亮，像陡然打开了百宝箱，灿灿的，灼灼的，目不暇接了呢。我们只知道夜夜天上要有星星，但从没注意到这么出现，那是雨天的池塘，霎时浮了万千水泡？又是无数沉睡的孩子，蓦地睁开了光彩的眼睛？它们真是一群孩子呢，一出现就要玩一个调皮的谜儿啊！这些鬼精灵

作者运用多个比喻，为我们展现了一幅繁星满天的美丽画面。让我们边读边想象画面，并试着背诵积累下来吧。

儿，从哪儿来的，是一个家族的兄妹？还是从天涯海角集合起来，要开什么盛会了呢？

夜空再也不是荒凉的了，星星们都在那里热闹，有装熊的，有学狗的，有操勺的，有挑担的，也有的高兴极了，提了灯笼一阵风似的跑……

我们都快活起来了，一起站在树下，扬着小手。星星们似乎很得意了，向我们挤弄着眉眼，鬼鬼地笑。

过了一会儿，月亮从村东口的那个榆树丫子里升上来了。它总是从那儿出来，冷不丁地，常要惊飞了树上的鸟儿。先是玫瑰色的红，像是喝醉了酒，刚刚睡了起来，蹒跚（pán shān）地走。接着，就黄了脸，才要看那黄中的青紫颜色，它就又白了，白极白极的，夜空里就笼上了一层淡淡的乳白色气。我们都不知道这月亮是怎么啦，却发现那些星星怎么就少了许多，留下的也淡了许多，原是灿灿的亮，变

作者用几个表示颜色的词语写出了月亮的变化。仔细读读这些词语，在头脑中想象一下月亮变化的画面。

成了弱弱的光。这竟使我们大吃了一惊。

“这是怎么啦？”妹妹慌慌地说。

“月亮出来了。”我说。

“月亮出来了，为什么星星就少了呢？”

因为星星的亮度没有月亮高，所以在月亮出来前我们可以看到星星，月亮出来后（尤其是满月时）就看不到几颗星星了，其实星星一直在天上。

我们面面相觑(qù)，闷闷不得其解。坐了一会儿，似乎就明白了：这漠漠的夜空，恐怕是属于月亮的，它之所以由红变黄，由黄变白，一定是生气星星们的不安分，在吓唬着它们哩。

“哦，月亮是天上的大人了。”妹妹说。

我们都没有了话说。我们深深懂得做大人们的威严，又深深可怜起这些星星了：月亮不在的时候，它们是多么有精光灵气，月亮出现了，就变得这般猥(wěi)琐了。

我们突然又回想起了一切：原来天上并不甚好，月亮睡着了的时候，它才让星星出来，它出来了，就要星星退去。那纷纷扬扬的雪片，五个角的、七个角的，全是薄亮亮的，不就是星星的尸骸(hái)吗？或许，就燃起晚霞的大火来烧它们，要不，星星为什么从来就没有叶，也没有根，只是那么赤裸裸的星呢？

我们再也不忍心看那些星星了，低了头走到门前的小溪边，要去洗洗手脸。谁也不言语，默默想着我们做孩子的不幸：是我们太小了，太多了吗？

溪水浅浅地流着，我们探手下去，才要掬起一抔(póu)来，但是，我们差不多全看见了，就在那水底里，有着无数的星星。

“啊，它们藏在这儿了。”妹妹大声地说。

我们赶忙下溪去捞，但无论如何也捞不上来，看那哗哗的水流，也依然冲不走它们。我们明白了，那一定是星星不能在天上，偷偷躲藏在那里了。我们就再不声张，不让大人们知道，让它们静静地躲在那里好了。

捞星星这一场景真是充满童趣，想象一下，这是多么有趣的画面。

于是，我们都走回屋里，上床睡了。

文章按照“看星星—议星星—捞星星—藏星星”的顺序，写出了夏夜孩子们与星星之间发生的趣事。你的记忆里是否有这样的情景呢？试着也来写一写吧。

却总是睡不稳，害怕那躲藏在水底的星星会被天上的月亮发现吗？可惜藏在水底的星星太少了，那无数的还在天上闪着光亮。它们虽然很小，但天上如果没有它们，那会是多么寂寞啊！

大人们又骂我们不安生睡觉了。骂过一通，就打起鼾声，我们赶忙爬起来，悄悄溜到门外，将脸盆儿、碗盘儿、碟缸儿都拿了出去；盛了水，让更多更多的星星都藏在里边吧。

日积月累

月明星稀：月亮明亮时，星星就显得稀疏了。出自曹操《短歌行》：“月明星稀，乌鹊南飞。绕树三匝，何枝可依？”

蹒跚：腿脚不灵便，走路缓慢、摇摆的样子。出自皮日休《太湖诗·上真观》：“天禄行蹒跚。”

组文阅读

大自然中到处都有美丽的景色：层峦叠嶂的山峰、广袤无垠的草原、郁郁葱葱的森林、波澜壮阔的大海、奔腾不息的河流……让我们边读边想象画面，感受自然之美吧！

1 趵突泉的欣赏[①]

老　舍

千佛山、大明湖和趵突泉，是济南的三大名胜。现在单讲趵突泉。

在西门外的桥上，便看见一溪活水，清浅，鲜洁，由南向北地流着。这就是由趵突泉流出来的。设若没有这泉，济南定会丢失了一半的美。

泉太好了。泉池差不多见方，三个泉口偏西，北边便是条小溪流向西门去。看那三个大泉，一年四季，昼夜不停，老那么翻滚。你立定呆呆地看三分钟，你便觉出自然的伟大，使你不敢再正眼去看，永远那么纯洁，永远那么活泼，

① 选入本书时略有删改。

永远那么鲜明，冒，冒，冒，永不疲乏，永不退缩，只有自然有这样的力量！冬天更好，泉上起了一片热气，白而轻软，在深绿的长的水藻上飘荡着，使你不由得想起一种似乎神秘的境界。

池边还有小泉呢：有的像大鱼吐水，极轻快地上来一串小泡；有的像一串明珠，走到中途又歪下去，真像一串珍珠在水里斜放着；有的半天才上来一个泡，大，扁一点，慢慢地，有姿态地，摇动上来；碎了；看，又来了一个！有的好几串小碎珠一齐挤上来，像一朵攒整齐的珠花，雪白。有的……这比那大泉还更有味。

阅读链接

趵突泉位于山东省济南市历下区，相传乾隆皇帝南巡时用趵突泉水泡茶，因其味道甘甜醇美，特封其为“天下第一泉”。趵突泉几乎四季泉水不断，而且温度恒定在18℃左右。冬天的时候，泉面上会有一层薄薄的雾气笼罩。

② 三千道瀑布（节选）

冯骥才

这一次我又来到奥斯陆，决心要去一趟峡湾。我知道挪威人的一个逻辑：如果没去过峡湾，就等于没去过挪威。我选择的路仍是从奥斯陆出发驱车前往西部沿海，想再感受一下挪威的山水。然而不同的是，那一次是在夏末，这一次是深秋。季节改观天地。车子不再像上次那样在流水般浓绿的山林中穿行，而是徜徉[①]于金子般炫目的秋色中。漫山黄叶中，偶尔还会夹着几棵赤朱斑斓，好似开满花朵；或是一株通红通红，好似高擎（qíng）着火炬一般。溢满车厢的也全是给太阳晒暖的秋叶的气息了。想想看，从这样金色的山林进入蓝色的峡湾是怎样的优美。

可是，受着大西洋暖流影响的峡湾的气候是莫测的。待到了著名的佛拉姆码头，天正下雨，入住旅店后又听了一夜的雨，清晨拉开窗帘依旧是漫天阴云，雨反而更紧一些。我从来不抱怨天气。可是总不能再等一天，冒

---

① 徜徉：闲游，安闲自在地步行。

雨也要进峡湾看看。这样，我乘着游轮驶入一片高山深谷中，当想到船驶在海水而非江水上时，感觉确实有些奇异。

浓烟一般的雨雾遮住山色、水光和远处的景物。但是我相信，老天在拿走你一样东西的同时，一定还会给你另一样东西，就看你能否发现。于是我看见了——瀑布！

一条雪白的瀑布远远地挂在高山黝黑的石壁上，直泻而下，中间受阻，腾起烟雾，折返三次，遂落入湾中。由于远，听不见水声，却看得出它奔泻下来时的冲动与急切。

不等我细细观看，船已驶过，然而又一道瀑布出现了。峡湾里有这样多的瀑布吗？是的，随着船的行进与深入，一道接着一道瀑布层出不穷地出现在眼前，而且千姿万态。有的飞流直下，一线如注；有的宛如万串珍珠，喷洒似雨；有的银龙般狂奔激涌，由天而降；有的烟一般地纠缠在峭壁上，边落边飞。途经一处，两边危崖陡壁挂满大大小小瀑布，竟有五六十道，我没有见过如此众多、各不相同的瀑布同时展现，简直是瀑布的博览会！而每一道瀑布的出现都给人们带来一种惊喜，大家举着相机争着给瀑布拍照。这瀑布是峡湾的第一奇观吗？船员却说，并不是天天都能看到如此众多的瀑布，正是由于一天一夜的雨，大量的瀑布出现了！

你说阴雨是给我败兴还是助兴？

我庆幸自己的幸运，但还是难以明白一场雨怎能生出如此壮美的瀑布奇观。

阅读链接

峡湾是一种自然景观，是冰川和海洋共同作用的结果。数万年前，冰川运动时，地面被巨大的冰川及其裹挟的砂石刨蚀，形成一道道深深的峡谷，冰川消融，海水倒灌进入峡谷，就形成了峡湾。挪威因为纬度较高，常年气温偏低，冰川时期受到的影响大，因此峡湾分布相对更多。

③ 海滨仲夏夜

峻　青

夕阳落山不久，西方的天空，还燃烧着一片橘红色的晚霞。大海，也被这霞光染成了红色，而且比天空的景色更要壮观。因为它是活动的，每当一排排波浪涌起的时候，那映照在浪峰上的霞光，又红又亮，简直就像一片片霍霍燃烧着的火焰，闪烁着，消失了。而后面的一排，又闪烁着，滚动着，涌了过来。

天空的霞光渐渐地淡下去了，深红的颜色变成了绯红，绯红又变为浅红。最后，当这一切红光都消失了的时候，那突然显得高而远了的天空，则呈现出一片肃穆的神色。最早出现的启明星，在这深蓝色的天幕上闪烁起来了。它是那么大，那么亮，整个广袤的天幕上只有它在那里放射着令人注目的光辉，活像一盏悬挂在高空的明灯。

夜色加浓，苍穹中的“明灯”越来越多了。而城市各处的真的灯火也次第[①]亮了起来，尤其是围绕在海港周围

---

① 次第：指依次，按照顺序，一个挨一个地。

山坡上的那一片灯光，从半空倒映在乌蓝的海面上，随着波浪晃动着，闪烁着，像一串流动着的珍珠，和那一片片密布在苍穹里的星斗互相辉映，煞是好看。

在这幽美的夜色中，我踏着软绵绵的沙滩，沿着海边，慢慢地向前走去。海水，轻轻地抚摸着细软的沙滩，发出温柔的唰唰声。晚来的海风，清新而又凉爽。我的心里，有着说不出的兴奋和愉快。

夜风轻飘飘地吹拂着，空气中飘荡着一种大海和田禾相混合的香味，柔软的沙滩上还残留着白天太阳炙晒的余温。那些在各个工作岗位上劳动了一天的人们，三三两两地来到了这软绵绵的沙滩上，他们浴着凉爽的海风，望着那缀满了星星的夜空，尽情地说笑，尽情地休憩(qì)。愉快的笑声，不时地从这儿那儿飞扬开来，像平静的海面上不断地从这儿那儿涌起的波浪。

我漫步沙滩，徘徊在我的乡亲朋友们中间。

我看到，在那边，在一只底儿朝上反扣在沙滩上的木船旁边，是一群刚从田里收割麦子归来的人们，他们在谈论着今年的收成。今春，雨水足，麦苗长得旺，收成比去年好。眼下，又下了一场透雨，秋后的丰收局面，也大体可以确定下来了。人们为这大好年景所鼓舞着，谈话中也充满了愉快欢乐的笑声。

月亮上来了。

是一轮灿烂的满月。它像一面光辉四射的银盘似的，从那平静的大海里涌了出来。大海里，闪烁着一片鱼鳞似的银波。沙滩上，也突然明亮了起来，一片片坐着、卧着、走着的人影，看得清清楚楚了。啊！海滩上，居然有这么多的人在乘凉。说话声、欢笑声、唱歌声、嬉闹声，响遍了整个的海滩。

月亮升得很高了。它是那么皎洁，那么明亮。

夜已经深了。

沙滩上的人，有的躺在那软绵绵的沙滩上睡着了，有的还在谈笑。凉爽的风轻轻地吹拂着，皎洁的月光照耀着。让这些英雄的人们，在这自由的天幕下，干净的沙滩上，海阔天空地尽情谈笑吧，酣畅地休憩吧。

阅读实践

通过读这三篇文章，感受大自然的神奇之美，找到优美生动、有画面感的句子画出来，抄写在下面的表格里。

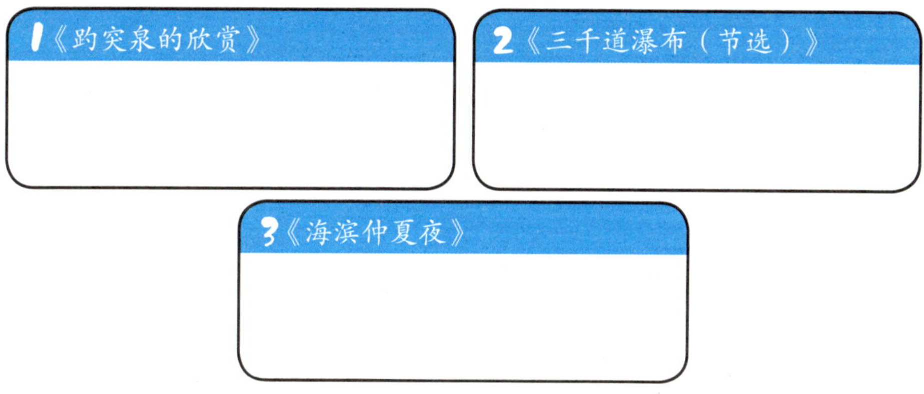

活动二

读了上面的句子，你仿佛看到了怎样的画面？选择一处，小组讨论，用上联想和想象的方法仿写几句，感受大自然的神奇之美！

活动三

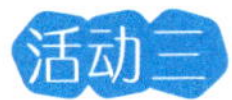

假如你有机会面对如此壮观的奇景，你会怎样表达你的内心所想呢？请学习作者的表达方法，写一段话来向老师和同学介绍这一景观，在小组内讲一讲，之后全班交流。

自由阅读

1 听　雨

季羡林

从一大早就下起雨来。下雨，本来不是什么稀罕事儿，但这是春雨，俗话说："春雨贵似油。"而且又在罕见的大旱之中，其珍贵就可想而知了。

"润物细无声"，春雨本来是声音极小极小的，小到了"无"的程度。但是，我现在坐在隔成了一间小房子的阳台上，顶上有块大铁皮。楼上滴下来的檐溜就打在这铁皮上，打出声音来，于是就不"细无声"了。按常理说，我坐在那里，同一种死文字拼命，本来应该需要极静极静的环境，极静极静的心情，才能安下心来，进入角色，来解读这天书般的玩意儿。这种雨敲铁皮的声音应该是极为讨厌的，是必欲去之而后快的。

然而，事实却正相反。我静静地坐在那里，听到头顶上的雨滴声，此时有声胜无声，我心里感到无量的喜悦，仿佛饮了仙露，吸了醍醐（tí hú）[1]，大有飘飘欲仙之慨了。这声音时慢时急，时高时低，时响时沉，时断时续，有时如金声玉振，有时如黄钟大吕，有时如大珠小珠落玉盘，有时如红珊白瑚沉海里，有时如弹素琴，有时如舞霹雳，有时如百鸟争鸣，有时如兔落鹘起。我浮想联翩，不能自已，心花怒放，风生笔底。死文字仿佛活了起来，我也仿佛又溢满了青春活力。我平生很少有这样的精神境界，更难为外人道也。

在中国，听雨本来是雅人的事。我虽然自认还不是完全的俗人，但能否就算是雅人，却还很难说。我大概是介乎雅人俗人之间的一类人吧。中国古代诗词中，关于听雨的作品是颇有一些的。顺便说上一句：外国诗词中似乎少见。我的朋友章用回忆表弟的诗中有“频梦春池添秀句，每闻夜雨忆联床”，是颇有一点诗意的。连《红楼梦》中的林妹妹都喜欢李义山的“留得残荷听雨声”之句。最有名的一首听雨的词当然是宋代蒋捷的《虞美人》，词不长，我索性抄它一下：

少年听雨歌楼上，红烛昏罗帐。壮年听雨客舟中，江阔云低，断雁叫西风。

---

① 醍醐：古时指从牛奶中提炼出来的精华。

而今听雨僧庐下，鬓已星星也。悲欢离合总无情，
一任阶前，点滴到天明。

蒋捷听雨时的心情，是颇为复杂的。他是用听雨这一件事来概括自己的一生的，从少年、壮年一直到老年，达到了“悲欢离合总无情”的境界。但是，古今对老的概念，有相当大的悬殊。他是“鬓已星星也”，有一些白发，看来最老也不过50岁左右。用今天的眼光看，他不过是介乎中老之间，用我自己比起来，我已经到了望九之年，鬓边早已不是“星星也”，顶上已是“童山濯(zhuó)濯①”了。要讲达到“悲欢离合总无情”的境界，我比他有资格。我已经能够“纵浪大化中，不喜亦不惧”了。

可我为什么今天听雨竟也兴高采烈呢？这里面并没有多少雅味，我在这里完全是一个“俗人”。我想到的主要是麦子，是那辽阔原野上的青青的麦苗。我生在乡下，虽然六岁就离开，谈不上干什么农活，但是我拾过麦子，捡过豆子，割过青草，劈过高粱叶。我血管里流的是农民的血，一直到今天垂暮之年，毕生对农民和农村怀着深厚的感情。农民最高希望是多打粮食。天一旱，就威胁着庄稼的成长。即使我长期住在城里，下雨一少，

① 濯濯：形容山上光秃秃的，没有草木。

我就望云霓，自谓焦急之情，决不下于农民。北方春天，十年九旱。今年似乎又旱得邪行。我天天听天气预报，时时观察天上的云气。忧心如焚，徒唤奈何。在梦中也看到的是细雨蒙蒙。

今天早晨，我的梦竟实现了。我坐在这长宽不过几尺的阳台上，听到头顶上的雨声，不禁神驰千里，心旷神怡。在大大小小高高低低、有的方正有的歪斜的麦田里，每一个叶片都仿佛张开了小嘴，尽情地吮吸着甜甜的雨滴，有如天降甘露，本来有点黄萎的，现在变青了。本来是青的，现在更青了。宇宙间凭空添了一片温馨，一片祥和。

作者的喜悦之情流淌在字里行间。除了麦苗吮吸雨滴，文中还描写了哪些场景来烘托作者的这种感情呢？

我的心又收了回来，收回到了燕园，收回到了我楼旁的小山上，收回到了门前的荷塘内。我最爱的二月兰正在开着花。它们拼命从泥土中挣扎出来，顶住了干旱，无可奈何地开出了红色的白色的小花，颜色如故，而鲜亮无踪，看了给人以孤苦伶仃的感觉。在荷塘中，冬眠刚醒的荷花，正准备力量向水面冲击。水当然是不缺的。但是，细雨滴在水面上，画成了一个个的小圆圈，方逝方生，方生方逝。这本来是人类中的诗人所欣赏的东西，小荷花看了也高兴起来，劲头更大了，肯定会很快地钻出水面。

我的心又收近了一层，收到了这个阳台上，收到了自己的腔子里，头顶上叮当如故，我的心情怡悦有加。但我时时担心，它会突然停下来。我潜心默祷，祝愿雨声长久响下去，响下去，永远也不停。

阅读链接

文中的“燕园”指的是如今的北京大学。季羡林于1946年留学归国后开始在北京大学任教。他生活质朴简约，据说，北大一名新生入学报到时，以为季先生是退休老工人，就让他帮忙照看自己的行李，结果到了开学典礼上才知道，这位老师傅竟然就是学界泰斗季羡林。

② 黄山松

丰子恺

没有到过黄山之前，常常听人说黄山的松树有特色。特色是什么呢？听别人描摹，总不得要领。所谓“黄山松”，一向在我脑际留下一个模糊的概念而已。这次我亲自上黄山，亲眼看到黄山松，这概念方才明确起来。据我所看到的，黄山松有三种特色：

第一，黄山的松树大都生在石上。虽然也有生在较平的地上的，然而大多数是长在石山上的。我的黄山诗中有一句：“苍松石上生。”石上生，原是诗中的话；散文地说，该是石罅(xià)生，或石缝生。石头如果是囫囵的，上面总长不出松树来，一定有一条缝，松树才能扎根在石缝里。石缝里有没有养料呢？我觉得很奇怪。生物学家一定有科学的解说；我却只有臆(yì)测①：《本草纲目》里有一种药叫作“石髓(suǐ)”。李时珍说：“《列仙传》言邛(qióng)疏煮石髓。”可知石头也有养分。黄山的松树也许是吃

① 臆测：主观地推测。

石髓而长大起来的吧？长得那么苍翠，那么坚劲，那么窈窕，真是不可思议啊！更有不可思议的呢：文殊院窗前有一株松树，由于石头崩裂，松根一大半长在空中，像须蔓一般摇曳着。而这株松树照样长得郁郁苍苍、娉娉（pīng）婷婷。这样看来，黄山的松树不一定要餐石髓，似乎呼吸空气，呼吸雨露和阳光，也会长大的。这真是一种生命力顽强的生物啊！

> “真是不可思议”指的是什么？“更有不可思议的呢”指的又是什么？请你联系上下文，用简洁的语言来说一说。

第二个特色，黄山松的枝条大都向左右平伸，或向下倒生，极少有向上生的。一般树枝，绝大多数是向上生的，除非柳条挂下去。然而柳条是软弱的，地心吸力强迫它挂下去，不是它自己发心向下挂的。黄山松的枝条挺秀坚劲，然而绝大多数像电线木上的横木一般向左右生，或者像人的手臂一般向下生。黄山松更有一种奇特的姿态：如果这株松树长在悬崖旁边，一面靠近岩壁，一面向着空中，那么它的枝条就全部向空中生长，靠岩壁的一面

> 试想一下，如果你拾级而上，抬头看到一株这样的松树，会产生什么样的感觉呢？

一根枝条也不生。这姿态就很奇特，好像一个很疏的木梳，又像学习的“习”字。显然，它不肯面壁，不肯置身丘壑（hè）中，而一心倾向着阳光。

第三个特色，黄山松的枝条具有异常强大的团结力。狮子林附近有一株松树，叫作“团结松”。五六根枝条从近根的地方生出来，密切地偎傍着向上生长，到了高处才向四面分散，长出松针来。因此这一束树枝就变成了树干，形似希腊殿堂的一种柱子。我谛（dì）视①这树干，想象它们初生时的状态：五六根枝条怎么会合伙呢？大概它们知道团结就是力量，可以抵抗高山上的风吹、雨打和雪压，所以生成这个样子。如今这株团结松已经长得很粗，很高。我伸手摸摸它的树干，觉得像铁铸的一般，即使十二级台风、漫天大雪，也动弹它不了。更有团结力强得不可思议的松树呢：从文殊院到光明顶的途中，有一株松树，叫作“蒲团松”。这株松树长在山间的一小块平坡上，前面的沙土上筑着石围墙，足见这株树是一向被人重视的。树干不很高，不过一二丈，粗细不过合抱光景。上面的枝条向四面八方水平放射，每根都伸得极长，足有树干的高度的两倍。这就是说：全体像个“丁”字，但上面一画的长度大约相

① 谛视：仔细地看。

当于下面一直的长度的四倍。这一画上面长着丛密的松针，软绵绵的好像一个大蒲团，上面可以坐四五个人。靠近山的一面的枝条，梢头略微向下。下面正好有一个小阜（fù）[①]，和枝条的梢头相距不过一二尺。人要坐这蒲团，可以走到这小阜上，攀着枝条，慢慢地爬上去。陪我上山的向导告诉我："上面可以睡觉的，同沙发床一样。"我不愿坐轿，单请一个向导和一个服务员陪伴着，步行上山，两腿走得相当吃力了，很想爬到这蒲团上去睡一觉。然而我们这一天要上光明顶，赴狮子林，前程远大，不宜耽搁；只得想象地在这蒲团上坐坐，躺躺，就鼓起干劲，向光明顶迈步前进了。

---

①阜：土山。

3 火把花

吴 然

六月，火把花开了。

我们这座小小的山村，我们这座要走许许多多山路才走得到的遥远的小山村——六月，火把花开了！

村前的水塘边，青石板铺就的村道两边；

溪边，水流湍急的碓(duì)房[①]和磨坊那儿，潮湿的长满墨绿色青苔的卵石垒砌的墙边；

我们山村小学的校门口，我们的篮球场旁和跳远的沙坑旁——

艳红的火把花，你开得多么热烈呀！

从每一家的小院里伸出来，从一团一团的绿树里伸出来。你玫瑰色的红光，照耀着我们这个小小的山村。山村里的每一条小路，都被你照亮了；每一条小路上，都有你飘落的花瓣。

啊，火把花，你真是仙女的火把吗？我听阿奶讲，传说中有一位美丽的仙女，她要到我们这个小小的山村

---

① 碓房：舂（chōng）米作坊。

里来。茂林密箐（qìng），山道弯弯，仙女打着火把走着，无数晶亮的火星围在她身旁飞舞。当她终于走到村口的时候，公鸡叫了，太阳公公惊醒了。仙女一声叹息，将火把插在地上。在太阳出山以前，仙女飞走了。霞光中，燃烧的火把变成满树的红花……

告诉我，火把花，你真是仙女手中的火把吗？

一个雨后的早晨，我去上学。粉红色的薄雾里，有雀鸟的鸣叫声，有木碓的舂米声，有牛铎清脆的叮当声，有羊群出栏时的咩咩声……突然，我看见了我们的老师，我们的老师在校门口的火把花树下！火把花明艳地映照着，她淡黄色的衬衣上，隐约有一层红光。她在打扫校园，在轻轻地扫着被夜雨打落的花瓣。啊，难道我们的老师，就是那位举着火把的仙女吗？她从城里来到我们小小的山村，走了多少弯弯的山间小路哟！她来了，她教我们唱歌，教我们识字，教我们算术，教我们画画……啊，她是，她就是举着火把的仙女，她举着知识的火把！

用心地读一读，想象一下这迷人的画面。

火把花哟，六月里盛开的花！你满树红花如同燃烧的火把，照亮了遥远的小山村，照亮了我们——山村里的小学生。

④ 家乡的悬石瀑布

章月珍

有人说，上天把一段河流竖起来，便成了瀑布。

或许你见过最诗意的庐山瀑布、最缥缈（piāo miǎo）[①]的雁荡山瀑布、最洁净的九寨沟瀑布，但是我想，你或许没见过最独特的悬石瀑布。

悬石瀑布位于我家乡上虞的凤鸣山风景区，景区多缓坡宽谷，山体层峦叠嶂，巨石嶙峋，山泉飞溅，林木茂密，具有良好的自然生态环境。自古为游览胜地，其中悬石飞瀑堪称奇观。新中国成立后第一部彩色影片《梁山伯与祝英台》（拍摄于1954年）即在此摄取外景。

在一个阴沉沉的早晨，我驱车前往凤鸣山，只为一睹悬石瀑布的奇观。

由于不是节假日，几乎看不到人影，非常安静。可是在这安静之外，我却分明听到了远处传来的震耳欲聋的声音！

① 缥缈：形容隐隐约约，若有若无。

是什么声音呢？我很好奇。

往前走，山路右边是一条清澈见底的小溪，那不是一般的清澈，而是让我叹服的清澈。怎么形容它呢？这么说吧，当我看着小溪，看到的是水中大小不一的石子，却忽略了水的存在。只有当我看到十几只鸭子在水里嬉戏游动时，我才恍然大悟，想起这里有水。水把鸭子的整个身子冲得干干净净，鸭毛看上去非常光滑，惹人喜爱，有了一种想下去抚摸它们一下的冲动。水里的石子长年累月地被溪水冲洗着，都变成了极美的艺术品，如珍宝般安静地躺在那里。

读了这段文字，我感受到了溪水之清澈，环境之纯净。

往前走，那声音却越来越响亮，越来越清晰，仿佛一大批出征的将士在呐喊。

到了半山腰，山路右边出现了一大块平整的土地，我急切地往里走，猛然发现一个高 10 余米的裂隙状石洞出现在我们面前，洞顶夹着一块摇摇欲坠的巨石，如悬着一般，仿佛它随时都会从上面掉下来，让人胆战心惊。石洞深约 20 米，往里看，山泉从崖顶飞

这就是“悬石瀑布”名字的由来吧。

泻下来，硕大的水帘惊得我目瞪口呆。

原来，这就是传说中的凤鸣山的悬石瀑布！

读到这里，我仿佛看到飞泻而下的瀑布，听到清脆响亮的瀑布声。这是一幅多么壮观、奇特的景象啊！

我站在悬石下，抬头望着里面飞泻而下的瀑布，不得不叹服大自然的鬼斧神工，那瀑布像一匹匹脱缰的白马，势不可挡。而那响亮的瀑布声，犹如将士们在战场上的呐喊声，那是一种让我震撼的英雄气概。瀑布溅起的水花打湿了我的衣衫，使得我和悬石瀑布亲密无间地融合在了一起。

瀑下有潭，潭前有一块巨大的岩石挡在中间，于是水就轻轻巧巧地被分成了两股，绕过巨石后，又汇聚成一股，然后如一个仙子手执白练，袅袅娜娜，一路向下。

我一直相信，水是有生命的，而家乡的悬石瀑布更是有强大的生命力，它终年不息地飞泻着，日复一日，年复一年，无论你去与不去，它始终在那里。

或许正因为凤鸣山有了这奇特的悬石瀑布，才有了更多的生命气息！

⑤ 黄　鹂

徐志摩

一掠颜色飞上了树。
“看，一只黄鹂！”有人说。
翘着尾尖，它不作声，
艳异照亮了浓密——
像是春光，火焰，像是热情。

“一掠颜色”写出了黄鹂的动态美，表现了作者看到黄鹂时的惊喜。

等候它唱，我们静着望，
怕惊了它。但它一展翅，
冲破浓密，化一朵彩云；
它飞了，不见了，没了——
像是春光，火焰，像是热情。

诗歌因为有“转折”而美妙。从遇见的惊喜到等待的煎熬，再到飞走不见的失落，短短几句就写出了诗人内心的跌宕起伏。

6 白马湖[1]（节选）

朱自清

今天是个下雨的日子。这使我想起了白马湖；因为我第一回到白马湖，正是微风飘萧的春日。

白马湖并非圆圆的或方方的一个湖，如你所想到的，这是曲曲折折大大小小许多湖的总名。湖水清极了，如你所能想到的，一点儿不含糊像镜子。沿铁路的水，再没有比这里清的，这是公论。遇到旱年的夏季，别处湖里都长了草，这里却还是一清如故。白马湖最大的，也是最好的一个，便是我们住过的屋的门前那一个。那个湖不算小，但湖口让两面的山包抄住了。外面只见微微的碧波而已，想不到有那么大的一片。湖的尽里头，有一个三四十户人家的村落，叫作西徐岙（ào），因为姓徐的多。这村落与外面本是不相通的，村里人要出来得撑船。后来春晖中学在湖边造了房子，这才造了两座玲珑的小木桥，筑起一道煤屑路，直通到驿亭车站。那是窄窄的一

① 选入本书时略有删改。

条人行路，蜿蜒曲折的，路上虽常不见人，走起来却不见寂寞——尤其在微雨的春天，一个初到的来客，他左顾右盼，是只有觉得热闹的。

春晖中学在湖的最胜处，我们住过的屋也相去不远，是半西式。湖光山色从门里从墙头进来，到我们窗前、桌上。我们几家接连着；丏翁的家最讲究。屋里有名人字画，有古瓷，有铜佛，院子里满种着花。屋子里的陈设又常常变换，给人新鲜的受用。他有这样好的屋子，又是好客如命，我们便不时地上他家里喝老酒。丏翁夫人的烹调也极好，每回总是满满的盘碗拿出来，空空的收回去。白马湖最好的时候是黄昏。湖上的山笼着一层青色的薄雾，在水里映着参差的模糊的影子。水光微微地暗淡，像是一面古铜镜。轻风吹来，有一两缕波纹，但随即平静了。天上偶见几只归鸟，我们看着它们越飞越远，直到不见为止。这个时候便是我们喝酒的时候。我们说话很少；上了灯话才多些，但大家都已微有醉意。是该回家的时候了。若有月光也许还得徘徊一会；若是黑夜，便在暗里摸索醉着回去。

白马湖的春日自然最好。山是青得要滴下来，水是满满的、软软的。小马路的两边，一株间一株地种着小桃与杨柳。小桃上各缀着几朵重瓣的红花，像夜空的疏星。杨柳在暖风里不住地摇曳。在这路上走着，时而听见锐而长的火车的笛声是别有风味的。在春天，不论是晴是雨，是月夜是黑夜，白马湖都好。——雨中田里菜花的颜色最早鲜艳；黑夜虽什么不见，但可静静地受用春天的力量。夏夜也有好处，有月时可以在湖里划小船，四面满是青霭。船上望别的村庄，像是蜃楼海市，浮在水上，迷离惝恍的；有时听见人声或犬吠，大有世外之感。若没有月呢，便在田野里看萤火。那萤火不是一星半点的，如你们在城中所见；那是成千成百的萤火。一片儿飞出来，像金线网似的，又像耍着许多火绳似的。

离开白马湖是三年前的一个冬日。前一晚"别筵"上，有丏翁与云君。我不能忘记丏翁，那是一个真挚豪爽的朋友。但我也不能忘记云君，我应该这样说，那是一个可爱的——孩子。

日积月累

一道煤屑路　一条人行路　一层青色的薄雾

一面古铜镜　一两缕波纹　一个真挚豪爽的朋友

博学审问

宋代著名学者陆九渊说：“为学患无疑，疑则有进。”质疑是点燃我们思维的火种，是我们学习的起点，是引领我们遨游知识海洋的导航船。

阅读的时候，请你积极开动脑筋，尝试多方位多角度提出问题、整理问题、解决问题，让自己的思考更加全面和深入。

范文阅读

① 荞　麦

[丹麦] 安徒生

荞麦"又黑又焦"与闪电有什么关系呢？让我们带着疑问继续往下读。

在一阵大雷雨以后，当你走过一块荞麦田的时候，你常常会发现这里的荞麦又黑又焦，好像火焰在它上面烧过一次似的。这时种田人就说："这是它从闪电得来的。"但为什么它会落得这个结果？我可以把麻雀告诉我的话告诉你。麻雀是从一棵老柳树那儿听来的。这树立在荞麦田的旁边，而且现在还立在那儿。它是一株非常值得尊敬的大柳树，不过它的年纪很老，皱纹很多。它身体的正中裂开了，草和荆棘就从裂口里长出来。这树向前弯，枝条一直垂到地上，像长长的绿头发一样。

周围的田里都长着麦子，长着裸麦和大麦，也长着燕麦——是的，长着最好的燕麦。当它成熟了的时候，看起来就像许多落在柔软的树枝上的黄色金丝鸟。这麦子立在那儿，微笑着。它的穗子越长得丰满，它就越显得虔诚、谦卑，把身子垂得很低。

可是另外有一块田，里面长满了荞麦。这块田恰恰是在那株老柳树的对面。荞麦不像别的麦子，它身子一点儿也不弯，却直挺挺地立着，摆出一副骄傲的样子。

看到荞麦摆出一副骄傲的样子，你想问什么问题？请把你的问题批注在旁边。

“作为一根穗子，我真是长得丰满，”它说，“此外，我还非常漂亮，我的花像苹果花一样美丽，谁看到我和我的花就会感到愉快。你这老柳树，你知道还有什么别的比我们更美丽的东西吗？”

柳树点点头，好像想说：“我当然知道！”

不过荞麦骄傲地摆出一副架子来，说：

“愚蠢的树！它是那么老，连它的肚子都长出草来了。”

这时一阵可怕的暴风雨到来了：田野

看到这一幕，你有什么问题要问吗？请把你的问题批注在旁边。

上所有的花儿，当暴风雨在它们身上经过的时候，都把自己的叶子卷起来，把自己细嫩的头儿垂下来，可是荞麦仍然骄傲地立着不动。

“像我们一样，把你的头低下来呀。”花儿们说。

“我不须这样做。”荞麦说。

“像我们一样，把你的头低下来呀，”麦子大声说，“暴风现在飞来了。他的翅膀从云块那儿一直伸到地面，你还来不及求情，他就已经把你砍成两截了。”

“对，但是我不愿意弯下来。”荞麦说。

“把你的花儿闭起来，把你的叶子垂下来呀，”老柳树说，“当云块正在裂开的时候，你无论如何不要望着闪电，连人都不敢这样做，因为人们在闪电中可以看到天，这一看就会把人的眼睛弄瞎的。假如我们敢这样做，我们这些土生的植物会得到什么结果呢？——况且我们远不如他们。”

“远不如他们？”荞麦说，“我倒要瞧瞧天试试看。”它就这样傲慢而自大地做了。电光掣动得那么厉害，好像整个世界都烧起来了似的。

当恶劣的天气过去以后，花儿和麦子在这沉静和清洁的空气中站着，被雨洗得焕然一新。可是荞麦却被闪电烧得像炭一样焦黑。它现在成为田里没有用的死草。

当恶劣的天气过后，荞麦却被烧得像炭一样焦黑。它为何会落得如此的下场呢？从文中找出你想要的答案。

那株老柳树在风中摇动着枝条，大颗的水滴从绿叶上落下来，好像这树在哭泣似的。于是麻雀便问：“你为什么要哭呢？你看这儿一切是那么令人感到愉快，你看太阳照得多美，你看云块飘得多好。你没有闻到花儿和灌木林散发出来的香气吗？你为什么要哭呢，老柳树？”

于是柳树就把荞麦的骄傲、自大以及接踵而来的惩罚讲给它们听。

我现在讲的这个故事是从麻雀那儿听来的。有一天晚上，我请求它们讲一个童话，它们就把这件事情讲给我听了。

故事读完了，让我们看看批注，试着梳理问题清单。

（叶君健　译）

② 最有意义的生活

叶圣陶

一块小青石和一块小黑石被山水冲到滩上，停留在许多石块中间，已经一年光景了。它们身旁长着青青的草，开着可爱的小花，常常有蝴蝶和蚱蜢飞来。它们的生活平静极了，安适极了。

一天，小青石对小黑石说："太安静了，有点儿不习惯！"

小黑石回答说："是的，真是太安静了。回想被山水冲下来的时候，迷迷糊糊的，不知道将要怎么样了，那情形真跟梦里一般。"

小青石说："这样安静的日子，我过厌了。一年到头待在这儿，太乏味了。要是我能够跟蝴蝶和蚱蜢一个样，想去哪儿就去哪儿，那该多好呀！"

"想去哪儿就去哪儿"是小青石最初的梦想！

小黑石想了一会儿才说：“别胡说了，咱们石头天性就是老待着不动的。”

小黑石认为石头的天性就是待着不动，你觉得小黑石说得对吗？尝试从不同的角度思考问题。

“虽说是天性，老待着不动有什么出息呢？”小青石说，“在山上咱们的老家不是有许多水晶和玛瑙(nǎo)吗？它们都到都市里去了，有的成了姑娘的发簪(zān)，有的成了哥儿的纽扣。它们到处都去，长了不少见识，过着有趣的生活。我身上也有好看的光彩，到了都市里，说不定也会成为姑娘的发簪，成为哥儿的纽扣。”

“你的话也许没错。”小黑石说，“可是你怎么去呢？”

小青石说：“我希望有谁把我拣去，带到都市里，老待在这里真把我闷死了。再说，要是山上发大水，把咱们一直冲进了大海，那就完了。咱们沉入海底，永远没有出头的日子了。”

小黑石被太阳晒得暖洋洋的，非常舒服，它只觉得小青石的话越来越模糊，一会儿就睡着了。

过了几天，石滩上来了一群工人。他们用铁铲铲起石块，投进小车，又把小车推上岸，把小石头装上火车，运进都市去。

> 读到小青石心情如此急切，你有什么问题要问吗？带着你的问题，继续往下读吧！

小青石得意地想：“我就要到都市里去了！说不定会跟水晶和玛瑙碰头呢。我将会成为发簪还是纽扣呢？不管成为什么都一样，总之是姑娘和哥儿的朋友了。喂，快把我也铲起来吧！”

果然，小青石和小黑石跟别的小石头一起，被铁铲铲起来了。在投进小车的时候，不知怎么的，小黑石掉了下来，滚进了草丛里。小青石大声喊：“怎么啦，我的朋友？你怎么不一同去呀？”

可是一点儿回音也没有。小青石非常可怜小黑石，大家都要到城市里去了，只有它一个仍旧留在这里。

> “颠簸”是什么意思？为什么小青石在颠簸的小车里觉得异样的舒服呢？

一会儿，小车动起来了。小青石满心欢喜，小车很颠簸(bǒ)，它却觉得异样的舒服。

第三天早上，小青石和许多同伴被卸在一条宽阔的道路边上。一把大铁铲把它们铲起来，跟沙和水泥混在一起，加上水，翻来覆去地搅拌。

小青石浑身沾着湿漉漉的水泥，被搅得头都晕了。它不免生气地说：“这究竟是怎么回事？这样蛮不讲理的，把我们翻来覆去搅拌。为什么不把我们送到珠宝铺子里去呢？”

大铁铲更加使劲地搅拌。小青石浑身涂满了沙和水泥，连气都透不过来了。最后，它跟沙和水泥在一起，被铺在道路上，压得平平的，盖上了一张草席。

此时的小青石一定难受极了！

小青石累极了，它一声不响，忽然觉得它跟周围一同变硬了。它原先是坚硬的石块，这时候好像比先前硬了许多倍，跟先前大不相同了。过了些时候，草席被揭掉了，一只草鞋正好踏在小青石上。

“奇怪，我变成什么东西了？”小青石想了一会儿才明白过来，它已经成为水门汀(tīng)①的一小部分了。

---

①水门汀：即水泥，有时也指混凝土。

从此以后，每天每天，不知道有多少人的脚在小青石上踩过：小朋友的穿着布鞋的脚，小贩的穿着草鞋的脚，年轻的女人穿着缎鞋的脚，乞丐赤着的脚。小青石看着许许多多人的脚，心里非常快乐。

自己成了让所有的人走的路，真是再快乐不过了。小青石不属于姓张的，也不属于姓李的；它不是谁私有的东西，而是为大众服务的。它支持着大众的脚，它不再羡慕水晶和玛瑙了。它想：“我过的是最有意义的生活。”

小青石并没有得偿所愿，它的生活依旧是待着不动，可它认为自己的生活很有意义，这是为什么呢？

“小黑石说得很对，咱们石头的天性就是老待着不动的。不过，要像我现在这样老待着不动才有意义呢！”小青石这样想着，看着在它身上踩过的脚。

③ 蠕虫的高级黏合剂

赵　力

破译海洋生物的建筑技术，真的会给人类带来意外的惊喜和收获。

为什么蠕虫的黏合剂是“高级黏合剂”？边读边思考，相信你一定能找到想要的答案。

美国科学家在加利福尼亚海岸附近的水域，曾经发现了许多分量很重、大小不一的怪异石块。这类物体乍一看像是多孔的石块，上面的空洞也像是被浪潮多年冲刷的结果，但仔细瞧后才发现：那些空洞非常奇特，虽然密密麻麻，但又各自独立；石块材料并不是礁石，而是细沙子、碎石屑和贝壳碎块等的混合物。更让人惊讶的是，空洞里面竟然居住着许多沙塔蠕虫。

原来，这些布满空洞的石块竟然是沙塔蠕虫精心建造的“公寓”。

唾液变成黏合剂

这些有趣的“公寓”是如何建造的呢？

作者为什么把小蠕虫建造“公寓”的过程写得如此详细？这对于我们读懂文章有什么帮助？

原来，在建造“公寓”的过程中，这种小蠕虫先不断把单个沙粒、贝壳和其他散落的骨屑，小心翼翼地用它们像胡须一样的触手紧紧抓住，然后将其拖入口中抹上自己的唾液，最后把这些粘有唾液的材料再放置到“公寓”的四周。就这样历经数周，拥有一定长度的孔洞型“公寓”就慢慢建成了。有了自己的“公寓”，这些小家伙每天只要守候在“公寓”门口，就可以任凭潮涨潮落、风吹日晒了。同时它们还可以轻松捕捉到由浪潮涌动给它们送上门来的食物。

美国科学家最近发现，沙塔蠕虫建筑“公寓”所用的黏合技术就是目前人类苦苦寻觅的骨科黏合的高级技术。此前人类对骨骼裂伤的弥合普遍采用的是金属加固技术，但这迫使一些金属不得不长时间或永久停留在伤者的骨头里。此外，人类发明的骨头黏合剂也不尽如人意，这种黏合剂不但在肌肉组织中牢固度差，而且还会引起生理免疫反应。

但看看沙塔蠕虫所使用的黏合剂，不但牢固性好，持久耐用，而且可以在液体——海水中进行黏合操作。如果能把它们的这种“高科技”引进到人体骨骼黏合领域，那真是再好不过的事情了。

小蠕虫教给人类一招

为此，美国科学家专门对沙塔蠕虫的生物黏合技术进行了研究，结果发现，它们的唾液是一种天然的生物黏合剂。这种黏合剂是以蛋白质为主的化合物，蛋白质中包含了磷酸盐、胺(àn)类以及促黏合的生物分子，而且这种神奇的化合物在水中也不会分解。接着，科学家又模仿沙塔蠕虫的生物黏合技术，研制成了仿生黏合剂。如有这样一个精彩的医疗案例：一只实验大鼠的颅面骨发生了骨折，如果采用以往的办法，就要用包扎捆绑的办法修复颅面骨，但用了这种仿生黏合剂，颅面骨很快被黏

原来小蠕虫的唾液就是一种天然的生物黏合剂！

合，而且康复时间短，医疗效果非常好。

一系列实验证明，这种仿生黏合剂无毒、可生物降解，强度也是此前科学家发明的超级生物黏合剂的2倍，而且还不会受到生物免疫系统的排斥。

这种仿生黏合剂还可以用在哪些地方？

这种高强度的仿生黏合剂在医疗领域应用很广，不但可用于修复人的牙裂缝、面部骨折，还可以在修复眼角膜切口方面派上用场。此外，还可以应用在医疗领域之外，如修补船舶的裂缝，进行水下焊接等。当然，还能用它在水下建造一些有特殊用途的建筑等等。

阅读链接

黏合剂，俗称“胶”，在包装作业中应用极为广泛。它是具有良好黏合能力的物质，能将两种分离的材料连接在一起。本文中的“蠕虫的高级黏合剂”是天然黏合剂，它取自于自然界中的物质。淀粉、蛋白质、糊精、动物胶、皮胶、松香等都可以做天然黏合剂。

④ 偷师白蚁的“火星建筑师”

赵　力

未来谁会成为第一批“火星建筑师”？如果是机器人，那么这样的机器人应该具备哪些本领呢？

阅读前你可以先大胆地猜测一下。

令人叹服的白蚁建筑大师

在现代文明高度发展的今天，人类已经创造出了很多“摩天级”的建筑物。不过，人类一旦与动物王国的顶级建筑大师白蚁相比，就有些逊色了：白蚁建造的高塔可达10余米，这相当于人类盖出了2000多米高的高塔了。

别以为白蚁高塔仅仅是个土堆，里面的结构其实很复杂。比如其中有“空调系统”、带顶的“过道”和“花园”等。两位日本科学家想弄清在同样的外部环境下，同一种类的白蚁群的建筑风格会小小的白蚁怎么会有这么奇特的本领？让我们带着疑问继续往下读吧。

有多大的不同，于是将8个生活在自然条件的栖北散白蚁种群转移到实验室中，并为每一群白蚁提供一大块压缩的木屑板用于筑巢。他们把蚁群分割成多个小群体，发现从同一种群中分出去的所有小群体筑巢的风格都惊人地相似，但不同蚁群筑巢的风格竟然迥异。

白蚁塔的建筑材料也很特别，它不是单纯的泥土，而是由唾液、泥土和粪便组成的，这些材料都是在白蚁的嘴里进行调和后，才能成为合格的建筑材料。这种材料非常坚固，如人造混凝土一般，所以由它建造的高塔能保持100年之久。白蚁用粪便作为建筑材料是“别具匠心”的，因为粪便里含有能起保护作用的细菌，这种细菌能够阻止那些能杀死白蚁的真菌入侵。这表明白蚁的建筑材料不仅结实，而且抗菌，这实在是太令人佩服了。

破解白蚁建筑大师的“建筑秘技”

我们知道，大多数种类的白蚁视觉功能已经全部退化了，可以说它们天生就是“瞎子”。那么瞎子白蚁是靠什么进行群体协作，建筑那么高、那么复杂的蚁塔的呢?

其实，在白蚁的大脑里，并没有一个关于建筑高塔巢穴的计划、组织和控制机制，白蚁之间甚至没有“手碰手、头贴头”的直接交流，巢穴的精致框架和复杂结构，完全是基于每个白蚁单独识别其他白蚁留下的分泌物气味，以决定自己应该采取什么相应的行动来实现的。

读到这里，你能提出有探究价值的问题吗?

为什么气味能发挥这种神奇的作用呢?那是因为同一个群体的白蚁天生存在一种“气味语言”，而不同的气味语言表达的行动指令也是它们公认的行为规范和指令，也就是它们的“集体共识”，大家都知道按照“集体共识”去行动。例如一只白蚁发现了食物，它就会在回家的路上留下一路的气味。随后，其他的白蚁就会沿着这条路线去找食物，并不断地留下更多的气味。如果食物被采集完了，后来的白蚁就会掉头，这样路面上的气味就会减少并消散，于是后面的蚂蚁就不会沿着这条路去搬运食物了。这场集体搬运食物的行动靠的就是气味语言，和白蚁们对气味的“集体共识”。而白蚁进行建筑行动，也是基于同样的原理：前面的白蚁如果在某个位置放了一块“砖”——白蚁特制的建筑材料，那么后面的白蚁就会循着“气味路线”，在这块“砖”前面继续放“砖”……

大胆地想一想：还有哪些动物可能有这种行为？

这种行为特点在许多有社会性的动物中都存在。在学术上，它被称为“共识主动性”，指的是一个共识群体中，个体单独行动的协调机制。这一机制在没有中枢控制系统，无法直接交流信息的条件下，个体单独地、连续地互相修正，自我更新，逐步完善自己的行为和生态环境，属于群体智能。其原理是，在群体行动中，每个个体通过识别其他个体行动中留下的信息，来自觉独立完成下一个任务，个体之间并没有直接接触和联系。这种自发行动具有明确的连贯性，具有系统性活动特征，所以它们能够完成很“宏伟的建筑”，而这也正是白蚁建筑大师的“建筑秘技”。

打造第一批“火星建筑师”

从白蚁身上我们获得了许多启发。

白蚁的“共识主动性”行为启示人们，建筑房屋并不需要有一个“总指挥”，组织一批建筑师按照一张“大设计图”去分工协作，并接受统一调配，仅仅让每个建筑师根据周围环境自行决定如何行动就可以了——这种看似缺乏统管的集体行动最终往往能筑成规模宏大的建筑。重要的是，这种建造模式的突出优点是：无论缺少谁都不会影响整个建筑工程，因为谁都可以被替代；而且建筑规模也容易扩展，投入的建筑师越多，建筑规模就可以越大。

最近，哈佛大学研究人员利用这一原理设计了模仿白蚁行为的电脑程序，最终制造出了“白蚁机器人”。这种“白蚁机器人”有儿童玩的中型遥控玩具车大小，有四个轮子，装有若干探测器和举起物件的装置。它还能前后左右移动，并到指定位置拿取积木一样的“砖块”，随后根据探测到的环境情况和电脑里预设的“行为共识”把“砖块”放到一个它们自认为合适的位置。当它们遇到已放有“砖块”的地方，并不会“傻乎乎”地把那里的“砖块”搬走，而是爬到“砖块”上层，再进行垒放，如此层层叠加，就像白蚁建高塔那样。

虽然现在的“白蚁机器人”的技能还处在“摆弄积木”的初级阶段，但将来它们可能在很多地方都有用武之地，比如人类如果要开发火星，就可以派它们担当第一批“火星建筑师”，为人类大

“白蚁机器人”的技能还能用在哪些领域呢?

规模开发火星建造简易住所。当然，未来它们还能在人类难以工作的或有危险的环境中被派上用场，比如用沙袋修建防洪堤，在余震未消的地震灾区建造庇护场所，或者在水下或在其他星球上建造栖息场所。

整理批注中提出的问题，你发现有哪些提问角度呢？

阅读链接

大自然是人类的老师，人类通过聪明的才智和灵巧的双手向大自然学习，从而有所发明、有所创造。比如人们通过研究海豚的体形和皮肤结构设计了潜艇，通过对鱼类游动的观察和模仿制造了船桨，从蜻蜓垂直升空这一现象中找到灵感，发明了直升机。

⑤ 会变冷的房子你住过吗？

王冠琳

联合国气象组织的最新统计数据显示，2015 年到 2019 年很有可能成为人类有气象记录以来最热的五年，2019 年夏天有多热我们每个人都深有体会，特别在我国的南方，如果没有空调，那么在室内肯定会汗如雨下。

但是空调的使用却排放着大量的温室气体，这又为未来更热埋下了祸根。这不是一个恶性循环吗？难道没有更好的办法对抗炎热吗？

读到“自动变冷的屋子”，你想问什么问题？把你的问题批注在旁边。

科学家们没有放弃更环保的希望，他们一直在研究能自动降温的建筑材料，用它们来建造会自动变冷的屋子，就不再需要使用空调了。

早在 2017 年，美国的科学家就研制

了一种制冷建筑材料，是一种玻璃聚合物薄膜，仅有50微米厚，比烹饪常用的铝箔稍厚。它可以把太阳的热能以红外辐射的形式散发掉，起到冷却作用。在测试中，房顶上铺出10～20平方米这种材料，就可以达到给房子降温的目的，更重要的是，降温时不会耗费任何能量和水。不过它的质量较轻，如何铺设在屋顶上而不被刮走是个需要考虑的问题。

最近，美国的另一个科学家团队制造了一种叫“冷却木材”的降温材料，这种木头真的可以用来建房子了。

木材中的木质素是吸收太阳光热的主要成分，如果去除木质素，将木材中剩余的纤维素和半纤维素压缩在一起，可以得到一种强度达到原木材的八倍的工程木材。这种木材比原木材更加白皙，浅色的木材会反射更多的阳光。

对这些降温材料的使用，你还有什么问题吗?写下来吧！

在实验中，用这种木材建成的木屋，在夜间比环境温度平均低8.8℃，在白天平均低 7.2℃。据此，研究员估计，如果将这种材料应用于建筑物，将可以使空调成本降低 35%，这样会大幅减少碳排放和能源消耗。

不过这种材料最适合夏天长、冬天短的热带地区，北方夏天可使用前文提到的降温薄膜。

读了文中写到的三种降温材料，你有什么问题想问呢？请批注在旁边。

上述两种材料想要商业化可能还需要更多的时间，不过瑞士的一种名为“最冷的白色”的降温涂料已经投放到市场中了。“最冷的白色”是一种极白、极耐紫外线和极耐用的涂料。它是一种含氟的聚合物涂料，比传统聚酯基涂料更耐用，涂上一层可持续 40 年，还可以用于铝、钢等金属墙面或者玻璃墙面。又因为它的颜色极白，与其他涂料相比，反射太阳光的能力最强，所以它的降温效果也是很好的。

随着科学技术的发展，科学家们还会制造出怎样更实用、更有效的降温材料呢？

全球变暖和城市热岛效应确实已经越演越烈了，而我们只有一个地球，我们目前还不能逃离这个越来越热的母亲怀抱，我们只能尽最大的努力让地球不要再继续变热下去，让它冷却下来。寻求环保的降温方法，减少空调的使用，这也是我们应该做到的。

整理批注中提出的问题，你觉得对理解文章最有帮助的是哪些问题？

阅读链接

城市中心区的温度明显高于郊区，这种现象就是“热岛效应”。在人类的生产生活中，城市建筑密集，工厂、车辆、电器等排放热气，同时，城区的柏油路、水泥路与郊区的土地、植被相比，会吸收更多的热量且散失慢，因此热量更多地聚集起来，高温的城区被低温的郊区包围，就好像在空气中形成了一个“热岛”。

⑥ 听　潮

叶永烈

半个世纪前，著名作家鲁彦（1901—1944）曾写过一篇题为《听潮》的散文，生动地描绘了夜间在海滨听见的潮声：

> 海终于愤怒了。它咆哮着，猛烈地冲向岸边袭击过来，冲进了岩石的罅隙[①]里，又拨刺着岩石的壁垒。音响就越大了。战鼓声，金锣声，呐喊声，叫号声，啼哭声，马蹄声，车轮声，机翼声，掺杂在一起，像千军万马混战了起来……

这种“奇异的感觉”指的是什么呢？带着疑问，继续往下读。

半个世纪过去了。今天，我读着《听潮》，却产生了一种崭新的奇异的感觉。

我的耳际，仿佛也澎湃着浪潮之声。尽管我不在海边，然而，潮声如沸，不绝

① 罅隙：指缝隙。

于耳。

哦，那浪潮不光是在海洋起伏，而且在陆地上奔腾。它，冲击着工厂，冲击着农村，冲击着整个科学王国。

作者主要写新的技术革命的浪潮，前面为什么会写到海滨的潮声呢？

哦，那是新的技术革命的浪潮！

在群浪之中，那排山倒海一般领头的巨浪，是微电子浪潮。它不是水浪，它是众多银光闪闪的硅片组成的“硅浪”。撷(xié)取一星浪花看看，嗬，在那微小的硅片上，浓缩着一座电子城！硅片，是组成电脑的“细胞”。电脑广泛地应用于科学王国的所有领域，冲击着一切，改变着一切！

那在太空中汹涌奔突的，是空间工业浪潮。航天飞机、人造卫星、宇宙飞船，组成空间工业浪潮的一个又一个浪头。从此，人类再也不拘束于他们的摇篮——地球。人类，要成为宇宙的主人。

那由许许多多细如银丝的光导纤维组成的浪潮，疾如千骑，呼啸而过。光导纤维遍布世界，飞快地传送着信息，真的实现了“天涯若比邻”。

那变化多端、神秘莫测的，是生物工程浪潮。浪潮之中，隐藏着生物魔术师。生物工程创造了一种又一种新的生物——高产的新庄稼，肥美的新家畜、家禽。干扰素给人类带来征服癌症的福音。

读了文中写到的几种浪潮，你有什么问题要问吗？请批注在旁边。

那蔚蓝色的真正的海浪，是海洋工程浪潮。它使科学王国发生了一场“蓝色革命”。水晶宫中的宝贝——众多的鱼类，丰富的海底石油和锰结核，用之不竭的潮汐能，都将向人类奉献。

噢，还有那信息工业浪潮，激光浪潮，新材料浪潮，新能源浪潮……一浪又一浪，一浪高一浪，后浪推前浪。

在群浪之中，你还知道有什么浪潮？简单说一说，或者写一写。

新科学风起云涌。新浪潮如钱塘江中秋大潮，气势雄伟，锐不可当。一个个浪头，如高峰耸立于海面。

潮声，那么地响，那么地急。

新的技术革命浪潮，将比当年的蒸汽机、电动机更大地改变工业的面貌。

我们面临着新的技术革命浪潮的挑战，面临着未来的挑战，面临着信息社会的挑战。我们应当尽快地用新科学、新信息武装自己的头脑。我们应当兴波作浪，推波助澜！我们应当加快实现“四化”的步伐！

洪涛巨浪，排空而来。潮声如鼙(pí)鼓[①]，如霹雳，震耳膜，叩心扉。

风高浪快，做一个弄潮儿[②]吧。任它浪淘风簸，任它“春潮带雨晚来急”。

整理批注中提到的问题，筛选出对理解文章最有帮助的问题。

迎风破浪，勇敢地向前，向前，踏浪而进！

① 鼙鼓：古代军队中用的小鼓。

② 弄潮儿：在潮水中搏击、嬉戏的年轻人，也指驾驶船只的人。比喻敢于在风险中拼搏的人。

7 在仙人掌丛生的地方[1]（节选）

秦　牧

读了文章的题目，你能提出哪些问题？带着问题仔细读，你一定会更有收获。

仙人掌，嘿，这真是一种生命力顽强的奇特的植物！

在盆栽里的仙人掌，它的坚韧的性格已经够使人吃惊了。有水，没水，天热，天冷，它都满不在乎，它那翡翠似的，长满硬刺的掌状茎一直向上伸着，像叠罗汉似的，一片“绿色的手掌”上面又长出一小片来，重重叠叠，以这个姿势矫健地挺立着。无论天气怎样亢旱，别的盆栽植物都已垂下了头，它却总是生机蓬勃的，凌空直上。对于生活环境，似乎它从来就不讲究，任尔什么硗（qiāo）瘠的泥土，它一扎下了根，似乎就在快乐地叫喊道：“这地方好得很，你就瞧我在这里繁荣生长吧！”它

①选入本书时略有删改。

遍身是刺，什么野兽，都别想侵犯它；什么害虫，都别想啮食它。一片绿色的仙人掌折断跌到地面了，你以为它枯死了吗？不！它用它的身体内的养分，又培育出另一片青春焕发的小仙人掌来，这才真叫作“落地生根”呢！这么雄赳赳的带刺的植物，谁料得到，它们却开着鲜艳的花朵！有些仙人掌的花美丽极了。各国的国花，有梅花，有莲花，有玫瑰，有百合，你可想得到仙人掌是墨西哥的国花！历代的人们在歌颂松柏的坚贞、梅竹的节操、莲花的傲视污泥、篱菊的勇斗西风……我想，仙人掌尤其应该享有人们的赞美。果然，我看到智利诗人聂鲁达有一首诗就是专门在歌颂海岸上的仙人掌的。其中有一些片段这样写道：

画出描写仙人掌生命力强的句子，读一读，和同桌交流一下心中的疑问。

我的仙人掌，
你有很多的刺，
你是砂石和旱风的
勇敢的敌人。

…………

你是那样的坚定，
石头似的根子，
紧紧地抓住
地球中的金属。
而且，你庄严地
抬起长满了刺的
正直的头……

这样奇特的诗句用来形容这样倔强的植物是十分适合的。仙人掌所以具有如此神奇的生命力，有一般植物知识的人都知道，它原本生长在沙漠地带，在沙漠那样生活困难的环境里，酷热严寒、飞沙走石，厉害的亢旱、凶恶的暴风，日日夜夜，千年万代地锻炼着仙人掌，经过这样长期的“自然的选择”，仙人掌终于锻炼出现在这样一种使普通植物为之相形失色的倔强性格和卓特风貌，要不是这样，它老早就会被消灭掉，像其他好些古代植物似的，人们只能够在化石里找到它们的踪迹了。

读到这里，你能对在沙漠那样生活困难的环境里生长的仙人掌说几句话吗？

在仙人掌的老家，譬如说墨西哥这些地方，野生的仙人掌可以长到一两丈高，就像大树一样。在我国一些地方，仙人掌野生时也状貌惊人。我到过海南岛以南一些国防前哨的岛屿上，那里的仙人掌在海滩上长得竟像堆成小丘一般，什么地方它都可以长，甚至在岩石间的沙碛(qì)里，在树桩的腐木间，它们都长得欣欣向荣。这是一种黄褐色、掌形阔大的、针刺像钢针般锋利的仙人掌，结着枇杷大小、成熟时变成紫红色的美味果实。看到在海水浸灌的地方，它们长得那样充满青春的活力，我就禁不住想起聂鲁达的那些诗句了。这正是诗人所歌颂的那种“海岸上的仙人掌”。

不论在多么恶劣的环境里，仙人掌都能生长，真是让人钦佩。

8 野　草

夏　衍

有这样一个故事。

有人问：世界上什么东西的气力最大？回答纷纭得很，有的说“象”，有的说“狮”，有人开玩笑似的说是“金刚”。金刚有多少气力，当然大家全不知道。

结果，这一切答案完全不对，世界上气力最大的，是植物的种子。一粒种子可以显现出来的力，简直是超越一切。这儿又是一个故事。

读了这句话，你最想问什么问题？请批注在旁边，并尝试在下文中找到答案。

人的头盖骨，结合得非常致密与坚固，生理学家和解剖学者用尽了一切的方法，要把它完整地分出来，都没有这种力气。后来忽然有人发明了一个方法，就是把一些植物的种子放在要解剖的头盖骨里，给它以温度与湿度，使它发芽。一发芽，这些种子便以可怕的力量，将一切机械力所不能分开的骨骼，完整地分开了。植物种子力量之大，如此如此。

这，也许特殊了一点，常人不容易理解。那么，你看见过笋的成长吗？你看见过被压在瓦砾和石块下面的一棵小草的生成吗？它为着向往阳光，为着达成它的生之意志，不管上面的石块如何重，石块与石块之间如何狭，它必定要曲曲折折地，但是顽强不屈地透到地面上来，它的根往土壤钻，它的芽往地面挺，这是一种不可抗的力，阻止它的石块，结果也被它掀翻。一粒种子的力量之大，如此如此。

没有一个人将小草叫作“大力士”，但是它的力量之大，的确是世界无比。这种力，是一般人看不见的生命力。只要生命存在，这种力就要显现，上面的石块，丝毫不足以阻挡，因为它是一种“长期抗战”的力，有弹性，能屈能伸的力，有韧性，不达目的不止的力。

联系生活经验，由这句话，你还想到了什么？

读完文章，你还有哪些问题？请批注在旁边。再把这些问题进行整理、比较，选出你认为最值得思考的问题。

如果不落在肥土而落在瓦砾中，有生命力的种子绝不会悲观和叹气，因为有了阻力才有磨炼。生命开始的一瞬间就带了斗争来的草，才是坚韧的草，也只有这种草，才可以傲然地对那些玻璃棚中养育着的盆花哄笑。

学贵有疑。读一读本组文章，学习并试着从不同角度去思考，找出自己不明白的地方，提出疑问，寻求解答，读懂作者所表达的中心思想，学习表达方法，体会阅读的快乐。

①“神舟”五号游太空

皮朝晖

这是载入史册的辉煌日子，这是盼了几千年的伟大时刻，中国人的飞天梦，在这一天终于实现了。2003年10月15日，我国第一艘载人飞船“神舟”五号发射升空。杨利伟叔叔作为第一位中国航天员，巡访了浩瀚的太空。

上午9时，阳光明媚，万里无云。酒泉卫星发射中心，高大的发射塔拥抱着乳白色的巨型运载火箭，箭体上的五星红旗和“中国航天”四个大字格外醒目。

“……5，4，3，2，1，点火！起飞！”

火箭喷射出橘红色的烈焰，托举着飞船拔地而起，直插蓝天，向上，向上，好像一条威力无比的长龙。飞船很快进入预定轨道，开始绕地球飞行。“神舟”五号发射成功，中国龙飞上太空了！指挥大厅内、电视机前……亿万中国人欢呼雀跃，激动得热泪盈眶。

飞船平稳地运行着，杨利伟叔叔在座舱里沉着冷静地进行各项操作。下午7时，他吃完晚餐后，跟儿子通了话，他告诉孩子，航天食品味道很好。他还兴奋地说：“这里的景色非常好！我看到了美丽的家！”

飞船外，闪烁的繁星明亮而温暖。远远望去，地球蓝白相间，晶莹透亮，那么美丽，那么可爱。

“神舟”五号在太空飞行了21小时，绕地球14圈，巡天60多万公里。16日早晨，飞船按预定计划离开轨道，开始返回地球，飞船宛如一位天庭的仙女，急切地投向地球的怀抱。进入内蒙古上空后，飞船张开巨大的降落伞，平稳着陆。杨利伟叔叔微笑着走下飞船，向欢呼的人群挥手致意。“我们的飞船回来啦！”神州大地沸腾了。

② 钨——真正的钢铁侠

陆　杨

每当我们在电视上看到卫星发射中心的火箭发射升空时，脑海中都会产生一个疑问，那些炽热的火焰为什么没有将火箭的喷口熔化呢？

俗话说："真金不怕火炼。"但当温度达到1600℃时，很多金属都会被熔化：那些看着坚硬无比的钢铁会成为耀眼而沸腾的钢水，缓缓流进一个个的凹槽中，等到冷却后就被塑造成各种各样的形态；而沉甸甸的金子在高温下会变成金灿灿的液体，被打造成各种亮闪闪的首饰。在这样的高温下，钨却能坚如磐（pán）石，仍然以固体形态存在。这是因为钨的熔点为3414℃，沸点高达5930℃。

有了这样的熔点和沸点，使得钨能够帮助其他金属穿上一件刀枪不入的护甲。世界上的钨主要用于优质钢和硬质钢的冶炼，成为钢的重要合金元素，它可以将钢的强度提高几倍乃至几十倍，并强化钢的硬度和耐磨性。用钨钢制造的炮筒和枪筒，即使经过高频率的连续射击，变得通红滚烫，仍能保持良好的弹性和机械强度，而不会发生爆裂或者损坏。在金属切削机床上，用钨钢做成的车刀，不光耐高温，还能削铁如泥。而添加 10% ~15% 银的钨管，可用来制造火箭和导弹的燃料喷管，经受住火箭火焰 3000℃高温的考验。

钨不仅被用于军事、工业等领域，在我们的生活中更是离不开钨。为千家万户提供照明的灯泡里面就有钨丝，当接通电源后，一盏盏小灯中的钨丝在黑暗中发出了明亮的光芒，为我们照亮了周围的一切，也使得夜晚的城市变得五彩斑斓。而爱迪生在发明电灯的过程中，曾经试用了炭条、白金丝和铬等金属作灯丝，都以失败而告终。后来，爱迪生又试用了 6000 多种材料，经过大大小小 7000 多次的实验，最终发现用竹丝作灯丝效果很好，灯泡可亮 1200 个小时。然而，这样的灯丝仍然有很多的弊端。直到科学家发明出用钨丝作灯丝，才使得人类社会变得更加耀眼夺目。

钨虽然熔点和沸点高，但它却有极强的可塑性。西瓜一般重的一根钨棒，可以被拔成长约 400 公里、直径比头发丝还要细的细丝。即便经受 3000℃高温的考验，钨丝仍具有很好的强度，拥有很高的发光率，使用寿命也很长。所以，钨丝成为制造各种灯泡灯丝的最佳材料。白炽灯、碘钨灯以及目前最新颖的各种灯泡和灯管，都是用钨丝制成的。

没有钨，我们会担心其他材质的灯丝会不会随时断裂，让我们的眼前再次变得漆黑。没有钨，人类就不能抵达38万公里以外的月球，在布满厚厚月尘的月面说出“这是我的一小步，却是人类的一大步”。

阅读链接

钨是一种金属元素，硬度高，熔点高，常温下不受空气的侵蚀。其主要用途为制造灯丝和高速切削合金钢、特种钢，也用于电学仪器、光学仪器等。中国钨的蕴藏量占世界第一位。

③ “高铁时代”已到来

王瑞良

你知道全球最长、最快的高速铁路干线在哪里吗？

告诉你，在我们中国。2009 年 12 月 26 日，武汉到广州的客运专线正式通车运营。这条铁路就是目前[①]世界上最长、最快的高速铁路干线。

高速铁路是用高新科技支撑的新型铁路运输系统。在普通铁路线上，即便是特快列车，平均时速也只有 60 ~ 90 千米，而高速铁路线上的列车平均时速在 200 ~ 300 千米。“和谐号”在试运行时时速曾达到 394.2 千米。所以，现在从武汉到广州整个行程 1100 千米，坐高速列车三四个小时就能走完，真是“千里粤汉半日还”啊，而原来这段旅程至少需要 10 多个小时。

现在，很多国家都在提倡高速铁路运输，这是为什么呢？原来，汽车运行会排放大量废气，而且消耗宝贵的石油资源（有统计认为，石油资源还可以用 200 年左

---

① 本文发表于 2010 年。

右），因此，火车替代汽车运输成为必然。为此，大力推进铁路的高速化在世界各国十分流行，其中成效最明显的是法、德、日、韩、美等国。

你可能又要问，高速铁路有什么特别的要求吗？

当然，高速铁路不是谁都能发展起来的，它涉及牵引、制动、空气动力学、路轨铺设和自动化管理等许多方面的一系列高新技术，难度相当大。我国也是在技术全面提高后，才追赶上了其他国家。

为了提高车速，通常在列车的首尾要各配置一台大功率自控同步牵引机车，其车顶与高压电缆（又称“接触网”）相连，并采用特殊的加速装置。如“和谐号”就采用了“动力分散式”装置，即将多个小功率电动机分散安装在第一、四、五、八节车厢内，这些车厢既载客又有牵引动力，故称动车组，而无动力的车厢则称为拖车。“武汉—广州”动车组就是由四组四拖组成，每节动车上装有四台550千瓦的牵引电动机，整个列车的牵引功率为8800千瓦。车头则须设计为类似飞机一样的流线型（俗称“子弹头”），以减少行进中空气的阻力。

速度快了，行车安全也变得更为重要。为此，路轨的设计上必须尽量降低PQ值（力学名词），以防列车行进在弯道时，由于强大的惯性作用，造成脱轨事故。其次，是采用电子计算机安全监控系统，借以监测列车的制动效果、转向架的稳定性、列车的行进速度、位置、与其他车辆的距离等。第三，尽量消除铁路与公路的平面交叉，防止汽车等误入铁路与火车相撞；在必须交叉的道口，则安装先进的报警装置。

乘坐过高速列车的人会发现，乘坐时似乎没有什么特殊的感觉。这是因为高速列车在舒适度上也有特殊的设计。如法国的一种新型列车精心设计了悬浮减震设备和低噪声空间设备。各个车厢宽敞、明亮，头等舱还有一个小“沙龙”，内有电话和现代音像设备。车门颜色也各不相同，一看便知该车厢属于何等级。美国的X2000型列车，每个座位都装有立体声耳机、计算机连线、瑞典梨木制作的餐盘和观看沿途田园风光的大型观景窗，车内还有会议室、传真机和娱乐设施等。乘这样的火车出行，真可以说是一种愉快的享受了。

高速铁路的崛起，是交通运输史上的一场革命，它将改变人们的地理概念和生活方式，其意义完全可以与20世纪50年代喷气式客机的问世媲美。

阅读实践

通过阅读这三篇文章，试着从不同的角度提出问题（每篇文章提出的问题不少于两个），并进行整理，说说你有什么发现。

《“神舟”五号游太空》	《钨——真正的钢铁侠》	《“高铁时代”已到来》
问题清单：	问题清单：	问题清单：
提问的角度：	提问的角度：	提问的角度：

活动二

从以上问题清单中，选择你认为最值得思考的一个问题，并尝试解决，记录下你的收获。

筛选的问题：	你的收获：

活动三

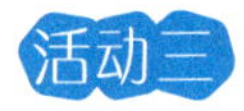

结合已积累的知识，以及本组文章的阅读，你能总结出哪些提问的小妙招？写下来，并用这些妙招帮助你今后的阅读。

我的提问小妙招

① 抽屉里的春天

刘　斌

冬天来了，外面下起了小雪。

“真美！”谢蒙浩趴在窗户边向外张望。

> 读了题目，你有什么问题想问？请批注在旁边，并在下面的阅读中尝试解决。

“就是太冷了！”身边传来一个细小的声音。

“谁在说话？”谢蒙浩转过身，发现衣柜上有只小燕子。

“是不是外面的雪太大，飞不起来了？”谢蒙浩将小燕子捧到自己的手心里给它取暖。

“不是！”小燕子扭了扭圆滚滚的身子。

“还有别的原因？”谢蒙浩想不出自己的家里有什么值得小燕子喜欢的，“我家没有空调，也没有你喜欢吃的东西！”

“可你家有比空调和好吃的东西更珍贵的！”小燕

子轻轻地飞起来。

“跟我来！”小燕子落在谢蒙浩的写字桌前。

谢蒙浩惊奇地发现，桌子最底下的抽屉上有一把锁，自己很久没动过这个抽屉了，会是谁上的锁？

小燕子微笑着飞到锁上，用小嘴在里面转了几下，吧嗒一声，锁打开了。

“这把锁就是我的！”

“你什么时候锁的？”

“你睡觉的时候！”小燕子笑嘻嘻地说，“其实，一个冬天我都在你家里，自从上次你从外面把我带回来。因为抽屉里有我的秘密！”

谢蒙浩突然想起来，前段时间，自己从落在地上的鸟窝里带回来一只小燕子，精心地照料了一阵子。

“可我已经放你回家了呀！”

“嘻嘻！”小燕子不好意思地笑了，“我又偷偷飞回来了，躲在衣柜上！”

“你刚才说的秘密？”

“打开抽屉就知道了！”

谢蒙浩打开抽屉，一阵阵温暖的气息扑面而来。

“是不是感觉到了春天的味道？”小燕子兴奋地跳

着舞，“这是我一点点收藏起来的！”

一道明亮的光从抽屉里散开来。“这是春天清晨的一道阳光！”小燕子围绕着阳光飞舞着，顿时屋子里充满了阳光的温暖，比空调舒服多了。

一阵微风夹杂着小草的清香从抽屉里吹开来。“这是春天傍晚的微风！”小燕子伴随着微风飞舞着，屋子里微风阵阵，轻柔而芳香。

一道金黄色的光从抽屉里散开。“这是春天夕阳的光！”小燕子轻轻一吹，那道光瞬间让整个屋子金碧辉煌。

几只蝴蝶从抽屉里飞了出来，跟在小燕子的后面一起在屋子里嬉戏、欢笑。

几颗小星星伴着一道银色的光芒从抽屉里飘了出来。“这是春天夜晚的星星和月光！”小燕子领着星星在屋子里盘旋。

“太神奇了！”谢蒙浩在一边开心地笑着，“你把春天都收藏起来了！”

“对呀，这样，你家里的冬天就和春天一样了！”小燕子乐呵呵地说。

这时，从抽屉里又飞出来几只小燕子，嘴中衔着几粒种子，轻轻地丢到房子里。顿时，房间里便长满了绿油油的青草，从抽屉里还传出了一阵阵小溪流水的声音，真是鸟语花香，一派春光无限好呀！

> “善良”在文中具体指什么？联系生活实际，你对这句话还有怎样的理解？

谢蒙浩开心极了：“等爸爸妈妈回来了一定很开心，因为家里不用空调也和春天一样了！”

“你的善良就是春天！”小燕子笑着说。

② 黄河的主人

袁　鹰

黄河滚滚。那万马奔腾、浊浪排空的气势，令人胆战心惊。

读了题目，你有什么问题想问？带着疑问继续阅读。

像突然感受到一股强磁力似的，我的眼光被河心一个什么东西吸引住了。那是什么，正在汹涌的激流里鼓浪前进？从岸上远远望去，那么小，那么轻，浮在水面上，好像只要一个小小的浪头，就能把它整个儿吞没。

再定睛一瞧，啊，那上面还有人哩！不止一个，还有一个……一、二、三、四、五、六，一共六个人！这六个人，就如在湍急的黄河上贴着水面漂流。

这就是黄河上的羊皮筏子！

也只有十只到十二只羊那么大的体积吧，上面却有五位乘客和一位艄公，而且在他们的身边还摆着两只装得满满的麻袋。

我不禁提心吊胆，而那艄公却很沉着。他专心致志读到这样的场景，你对题目“黄河的主人”有了怎样的理解？

地撑着篙，小心地注视着水势，大胆地破浪前行。皮筏上的乘客谈笑风生，他们向岸上指指点点，那从容的神情，就如同坐在公共汽车上浏览窗外的景色。

听坐过羊皮筏子的人说，第一次尝试，重要的就是小心和大胆。坐在吹满了气的羊皮筏子上，紧贴着脚的就是波浪滔滔的黄水，如果没有足够的勇气，是连眼也不敢睁一睁的。

羊皮筏子上的艄公，更值得敬仰和赞颂。他站在那小小的筏子上，面对着险恶的风浪，身系着乘客的安全，手里只有那么一根不粗不细的竹篙。他凭着勇敢和智慧，镇静和机敏，战胜了惊涛骇浪，在滚滚的黄河上如履平地，成为黄河的主人。

作者想通过“黄河的主人”给我们以怎样的启发？

③ 床头上的标签

叶永烈

李比希是德国化学家。还在上小学的时候，他就立志做一名化学家。因为从小心里就有一团理想之火，所以他学习非常自觉。他十九岁完成学业，并得到了博士学位；二十三岁就做了化学教授。

李比希曾经试着把海藻烧成灰，用热水浸泡，再往里面通氯气，这样就能提取出海藻里面的碘。但是他发现，在剩余的残渣底部，沉淀着一层褐色的液体。收集起这些液体，会闻到一股刺鼻的臭味。他重复做这个实验，都得到了同样的结果。这种液体是什么呢？

李比希想，这些液体是通了氯气后得到的，说明氯气和海藻中的碘起了化学反应，生成了氯化碘。于是，他在盛着这些液体的瓶子上贴了一个标签，上面写着“氯化碘”。

读到这里，你是否产生了这样的疑问：这种液体真的是“氯化碘”吗？

几年后，李比希看到了一篇论文——《海藻中的新元素》，他屏着呼吸，细细地阅读，读完懊悔莫及。原来，论文的作者，法国的青年波拉德也做了和李比希同样的实验，也发现了那种褐色的液体。和李比希不同的是，波拉德没有中止实验，他继续深入研究这褐色的液体有什么样的性质，与当时已经发现的元素有什么异同。最后，他判断，这是一种还未发现的新元素。波拉德为它起名“盐水”。波拉德把自己的发现通知了巴黎科学院，科学院把这个新元素改名为“溴”。《海藻中的新元素》就是关于溴的论文。

读到这里，再回读文章的题目，想一想：“床头上的标签”实际指的是什么？

这件事，深深地教育了李比希。他把那张“氯化碘”的标签从瓶子上小心翼翼地揭下来，装在镜框里，挂在床头，不但自己天天看，还经常让朋友们看。后来，他在自传中写道：“从那以后，除非有非常可靠的实验作根据，我再也不凭空地自造理论了。”

从此，李比希更认真、更严谨地从事研究工作。有一次，他到一家化工厂考察。当时工厂正在生产名叫“柏林蓝”的绘画颜料。工人们把溶液倒入大铁锅，然后一边加热，一边用铁棒搅拌，发出很大的响声。李比希看到工人们搅拌非常吃力，就问工人：“为什么要这样用力呢？”一位工长告诉他：“搅拌的响声越大，柏林蓝的质量就越高。”

李比希没有放过这个问题，他反复思考：搅拌的声音和颜料的质量有什么关系呢？回去以后，他就动手实验，最后查出了原因。他写信告诉那家工厂：“用铁棒在铁锅里搅拌，发出响声，实际上是使铁棒和铁锅摩擦，磨下一些铁屑，铁屑与溶液化合，提高了柏林蓝的质量。如果能在溶液中加入一些含铁的物质，不必用力磨蹭铁锅，也会提高柏林蓝的质量。”

那家工厂按照李比希的话去做，果然提高了颜料的质量，还减轻了工人的劳动强度。

李比希接受教训后，善于在异常现象中发现问题，又能通过实验找出解决问题的途径，所以成为化学史上的巨人。

阅读链接

李比希在有机化学领域的开创性工作取得了令人瞩目的成就，被称为“有机化学之父”。他发现了氮对于植物营养的重要性，并通过实验得知植物生长需要的化学元素以及植物如何吸收这些化学元素，使人们在农业种植过程中有了科学的指导，因此他也被誉为“肥料工业之父”。

④ 梧桐子

叶圣陶

许多梧桐子，他们真快活呢。他们穿着碧绿的新衣，都站在窗沿上游戏。周围张着绿绸似的帷（wéi）幕①。一阵风吹来，绿绸似的帷幕飘动起来，像幽静的庭院。从帷幕的缝里，他们可以看见深蓝的天，看见天空中飞过的鸟儿，看见像仙人的衣裳似的白云；晚上，他们可以看见永远笑嘻嘻的月亮，看见俏皮地眨着眼睛的星星，看见白玉的桥一般的银河，看见提着灯游行的萤火虫。他们看得高兴极了，轻轻地唱起歌来。这时候，隔壁的柿子也唱了，下面的秋海棠也唱了，石阶底下的蟋蟀也唱了。唱歌的时候有别人来应和，这是多么有趣呀，所以梧桐子们都很快活。

根据文章的描述想象一下梧桐子们所看到的画面。

有一颗梧桐子，他不但喜欢看一切美丽的东西，唱种种快活的歌儿，他还想离开窗沿，出去游戏。他羡慕

① 帷幕：挂在较大的屋子里或舞台上的遮挡用的幕。

鸟儿，羡慕白云，羡慕萤火虫。他想，要是能跟他们一个样到处飞，一定可以看到更多的美丽的东西，唱出更多的快活的歌儿。离开窗沿并不难办，只要一飞就飞出去了。他于是跟母亲说：“我要出去游戏，到处飞行，像鸟儿那样，像白云那样，像萤火虫那样，我就可以看到更多的美丽的东西，唱出更多的快活的歌儿。回来的时候，我把看到的一切都讲给您听，给您唱许多许多快活的歌儿。”

他的母亲摇了摇头，身子也摆了几摆，和蔼地对他说：“你应该出去旅行，哪有不让你去的道理呢？可是现在，你的身体还不够强壮，再等些时候吧！”

读了小梧桐子和母亲的对话，你有什么问题想问吗？请批注在旁边，并带着问题继续阅读。

他听了不再作声，心里可不大高兴。他觉得自己已经很胖很结实了，一定是母亲不放他走，什么身体不够强壮，不过是推托的话罢了。他决定不告诉母亲，自个儿偷偷地飞开去。可是飞到了外边，会不会遇上什么困难呢？独自旅行，能不能找到同伴呢？一想到这些，都教他担心害怕。他于是对哥哥们弟弟们说：“你们羡慕鸟儿吗？羡慕白云吗？羡慕萤火虫吗？你们想看到更美丽的东西吗？想唱出更快活的歌儿吗？这些都是做得到的，只要你们跟我走。我们就可以跟鸟儿一个样，跟白云一个样，跟萤火虫一个样，到处旅行。”

哥哥弟弟的性情都跟他差不多，谁不喜欢出去旅行，看看广阔的世界？他们都拍着手喊起来：“咱们快走吧！咱们快走吧！”

他们换上了褐色的旅行服，站在窗沿下准备着。这时候，绿绸似的帷幕变成黄锦似的了，而且少了许多，变得稀稀朗朗的，因为太阳不太热了。风从稀朗的帷幕间吹来，梧桐子们借着风的力量，都想离开窗沿。大家把身子摇了几摇，还站在窗沿上。只有一颗，就是最先想到要离开的一颗，独自一个飞走了。他多么高兴呀，自以为领了头，带着哥哥们弟弟们到广阔的世界里去旅行了。

他头也不回，只顾往前飞，一会儿高一会儿低。后来，他觉得有点儿力乏了，才回过头去招呼哥哥们弟弟们。啊呀，不好了，他们都飞到哪儿去了呢？他心里一慌，身子就笔直往下掉；头脑里迷迷糊糊的，不知落在了什么地方。

他渐渐清醒过来，看看周围，原来他落在田边上，一个十五六岁的姑娘正在栽菜秧。他才想起了哥哥弟弟，他们不知道在什么时候离开了他。现在要找他们，实在太不容易了。要是找不着他们，独自一个去旅行，他可有点儿不敢。他们总在附近吧，还是飞起来找一找吧。哪儿知道他一动也不能动。他着急了，急得流出了眼泪来，向周围看看，只有一位姑娘。他想，那位姑娘也许能帮他点儿忙吧！

他带着哭声说："姑娘，您看见我的哥哥弟弟了吗？他们到哪里去了？请您告诉我，可爱的姑娘。"

姑娘只管栽她的菜秧，好像没听见他的话。栽完了六畦，她穿上放在田边的青布衫，两只手扣着纽扣，忽然看见了落在地上的梧桐子，就把他拾了起来。

他在姑娘的手心里，手心又柔软又暖和，真舒服极了。他不再哭了，心里想："这位姑娘真可爱，她一定知道我的哥哥弟弟在哪里，一定会把我送到他们身边去的。"

姑娘回到自己家里，把他放在靠窗的桌子上。他以为来到哥哥们弟弟们中间了，急忙向周围看，却一个也没有。他又犯愁了，高声喊："姑娘，我不要留在这里，我要找我的哥哥们弟弟们。请您赶快把我送到他们身边去吧！"

姑娘不理睬他，管自掸去衣裳上的尘土，然后走到窗前，把他捡了起来，用手指捻着玩儿。他好像在摇篮里似的，身子摇来摇去，觉得很舒服。姑娘捻了一会儿，把他扔起来，用手接住，接了又扔，扔了又接。他一忽儿升起来，一忽儿往下落，又快又稳，也非常有趣。可是一想起哥哥弟弟，不知道他们现在在哪儿，心里又很不自在。

姑娘听见她母亲在叫唤了，把他放在靠窗的桌子上就走了。他想：姑娘一走，他更没有希望了。当初站在家里的窗沿上，以为一离开家，要到哪里就哪里，自由极了。哪里想到现在自己做不得主，一动也不能动，不要说到处旅行了，就是想回家去看看母亲，打听一下哥哥们弟弟们的消息，也办不到。他无法可想，只好对着淡淡的阳光叹气。他懊悔没听母亲的话，母亲早跟他说了："等你身体强壮了，你就可以离开家了。"身体强壮了，一定可以自由自在地到处飞了；可是现在，懊悔也来不及了。

> 母亲的话，在文中出现过两次。想一想：此时梧桐子对这句话的理解和第一次有什么不同？

窗外飞来一只麻雀，落在桌子上，侧着脑袋对他看了又看，两只小脚跳跃着，"居且居且"地叫了。他想，麻雀或者知道哥哥们弟弟们的消息，就求他说："麻雀哥哥，您看见了我的哥哥弟弟吗？他们到哪里去了呢？请您告诉我，可爱的麻雀哥哥。”

麻雀侧着脑袋，又看了看他，跳跃着，又“居且居且”叫了，似乎没听见他的话。麻雀听了一会儿，一口衔住了他，向窗外飞去。

他在麻雀的嘴里，周身觉得很潮润，麻雀用舌头舔他，好像给他挠痒痒似的。他本来很渴了，身上又有点儿痒，所以感到很舒服。他想：“麻雀哥哥真可爱，他一定知道我的哥哥弟弟在哪里，一定会把我送到他们身边去的。”

不知道为什么，麻雀一张嘴，他就从半空里掉了下来。“不好了，又往下掉了，这一回可比前一回高得多，落到地上一定没有命了。我的母亲……”他还没想完，身子已经着地了，他吓得失去了知觉。

其实他好好的，正好落在又松又软的泥里。下了几天春雨，刮了几天春风，他醒过来了。看看自己身上，褐色的旅行服已经不在身上了，换上了一身绿色的新衣，比先前的更加鲜艳。看看周围的邻居，都是些小草，也穿着可爱的绿色的新衣。有了这许多新朋友，他不再觉得寂寞了，可是想起母亲，想起哥哥弟弟，不知道他们怎样了，心里就不大愉快。

他慢慢地长大了，周围的小草们本来跟他一般高，现在只能盖没他的脚背。他的身子很挺拔，站得笔直，真是个漂亮的小伙子。小草们都很羡慕他，跟他非常亲热。他们说：“你是我们的领袖。你跳舞的时候，我们也跳；你唱歌的时候，我们也唱。可惜我们的身子太柔弱，姿势不如你好看；我们的嗓门也太细，声音不如你好听。这有什么要紧呢？我们中间有了个你，你是我们的领袖。”

他感谢小草们的好意，愿意尽力保护他们。刮狂风的时候，下暴雨的时候，他遮掩着小草们。

有一天，一只燕子飞来，歇在他的肩膀上。燕子本是当邮差的，所以他心里很高兴，就写了一封信交给燕子。他说：“燕子哥哥，好心的邮差，我有一封信，是写给母亲和哥哥们弟弟们的。可是我不知道他们在什么地方。请您帮我打听吧；打听到了，就把我这封信给他们看，让他们都能看到。最好能带个回音给我。谢谢您，好心的燕子哥哥。”

展开想象猜一猜，这些信是谁写的？会写些什么呢？

燕子一口答应，把信带走了。没过一天，燕子背了一大口袋信回来了，对他说：“你的信来了。他们都给你写了回信哩。”

他快活得不知道说什么好，只是嘻嘻地笑。先拆开母亲的信，他看信上说：“得到了你的消息，我很快活。我现在很好。你的哥哥弟弟跟你一个样，也到别处去了。他们常常有信来。现在告诉你一件事儿，你一定会喜欢的，就是你又要有许多小弟弟了。”

他又拆开哥哥们弟弟们的回信。下面就是他们信上的话：

“那一天你太性急，独自一个先走了。没隔多久，我也离开了母亲，现在住在一个花园里。”

“我离开了母亲，落在人家的屋檐上。修房子的工匠把我扫了下来，我就在院子里住下了。”

“最有趣的是我到过一位小姑娘的嘴里，才停留了一分钟。”

“我的新衣服绿得美丽极了，你的是什么颜色的？”

“我将来也会有孩子的。希望有一天，你来看看你的侄子们。”

他看完信，心就安了。母亲和哥哥弟弟，他们都很好，用不着老挂念他们，只要隔几天写封信去问一问就好了。燕子天天来问他有没

梧桐子为什么觉得心安？他理解母亲那句话的含意了吗？

有信要送。

他很快活，至今还笔挺地站在那儿，身子只顾往高里长。

《水妖喀喀莎》

汤　汤

这是一个关于信念和坚守的故事。在遥远又神秘的南霞村，一个唤作土豆的女孩和一个丑陋又古怪的水妖，共同谱写了一个散发着东方古典气质的美丽童话……

土豆的心灵纯洁、没有偏见，水妖喀喀莎的勇敢、善良、耐心、宽容，正是我们需要学习的品质。不光是孩子，大人也应该为之深思！

作者简介

汤汤，本名汤红英，中国作家协会会员，浙江省作家协会副主席，2003年底开始童话创作至今，出版了多部童话集。其中《水妖喀喀莎》荣获第十届全国优秀儿童文学奖。

汤汤在发表获奖感言时，曾说：“这些年，童话给我太多太多的礼物，已经远远超过了我的勤奋和天赋所赢得的。我清醒地知道在童话的王国里，还有那么长的路要丈量和行走，有那么高的山峰要仰视和攀登，有那么广的疆域要眺望和开拓。我会一直在追寻的路上。”

内容梗概

《水妖喀喀莎》是“汤汤奇幻童年故事本”六册中的一册。六册童话看似独立实则相互关联，讲述了女孩土豆充满奇幻色彩的成长经历和童年时光。

土豆还没出生时，南霞村晒谷坪边的一间泥土小屋住进了一个穿蓝斗篷的婆婆，她是一个水妖，名叫喀喀莎。大家都对喀喀莎避而远之，小孩子们都深深地惧怕她。土豆十岁时，一次偶然的机会，和喀喀莎有了接触并越来越亲密。

固有的偏见，使得人们固执地认为喀喀莎是个危险的家伙，所以要赶走她。土豆为此做了各种努力……

水妖拔牙

离开噗噜噜湖大约七年之后，水妖们闹起了牙疼，疼的是犬牙旁边那颗多余的牙齿，只要没有月亮的夜晚就开始发作，从一颗牙齿弥漫全身，痛得水妖们在床上和地板上打滚，一直折腾到次日太阳升起才会停歇。

“这样疼下去，可怎么受得了哟。”在一次水妖聚会上，帕帕提愁眉苦脸地说。每个月里总有一天，是她们相聚的日子。她们聚在一起，谈论噗噜噜湖，谈论过去的生活，一起哭，也一起笑。自从闹起牙疼，她们说得最多的话题就是，该怎么对付要命的疼 。

事实上，她们没法对付。顶多能用挣到的钱买来大把大把的止疼片，吞到肚子里去，但止疼片的效果越来越微弱了。她们也去看过牙医，牙医说，这么难看的牙齿，早该拔了，拔了这颗牙，保准她们漂亮一百倍。

后来她们相聚的话题，就围绕着“拔牙还是不拔牙”了。

“当然不能拔，再疼也不能拔。拔了牙齿，我们就收不到湖灵嘎啦嚓的召唤了，噗噜噜湖会永远干涸的。”牙疼的头一两年，水妖们都这么说。

然而随着时间推移，在牙疼得没完没了的折磨之下，水妖们有些动摇了。特别是她们的大姐帕帕提总说：“都十年了，还没有半点噗噜噜湖的音信，我们也许根本就等不到那一天。”

帕帕提年龄最大，她是水妖姐妹们的主心骨，她这么说，惹得所有水妖的心都虚弱了不少。

帕帕提接着道出一个秘密：“离开噗噜噜湖的时候，湖灵嘎啦嚓悄悄嘱咐过我，新长出来的牙齿会常常疼，但是再疼也不能拔掉，因为拔掉之后会忘记所有关于噗噜噜湖和水妖的事情，变成一个普普通通的人类。不过又和普通人类不太一样，当活到像普通人那样足够老的时候，又会在某一个夜里重新变回孩子，开始一个全新的人生。”

有个水妖小声嘀咕道：“这样说起来，除了忘记，拔掉牙齿几乎没有什么坏处呢。”

喀喀莎说：“不，忘记就是最大的坏处了。”她是水妖里年龄最小，身体也最弱小的一个，平日说话呀做事呀都跟着姐姐们，很少有自己的主见。这句话却说得很坚定很大声，把她自己都吓了一跳。

“是啊，我们不可以忘记噗噜噜湖。”更多的水妖说。

这样十个水妖忍着牙疼又过去四五年。

有一天晚上聚会，帕帕提没有来。九个水妖在她的住处找到了她，只见她嘴角挂着血珠，一颗牙齿在她雪白的手掌上，粘着血丝，触目惊心。

“帕帕提……”

“帕帕提是谁，你们又是谁？”

“啊，你不认得我们了？你是我们的姐姐呀，你怎么能拔了牙齿？你不要噗噜噜湖了吗？”

“什么噗噜噜湖？我拔牙齿关你们什么事？你们到我家来干什么？出去出去，我困了！”帕帕提一脸茫然和不耐烦。

有几个水妖哭了，有几个很气愤。喀喀莎一声不吭，跟在姐姐们后面。

帕帕提继续在绣坊里工作，她果然彻底忘记自己是水妖这回事了。她过得很快乐，一边绣花还一边哼歌。她给自己取了一个新名字，叫作“卢晓曼”。在别的水妖牙疼得上蹿下跳、打滚呻吟的时候，她沉溺在香甜的睡梦里。后来她爱上绣坊里一个年轻的小伙子，决心要嫁给他。

第二年，一个没有月亮的饱受疼痛折磨的夜晚，咚咚嘎和嘭铃铃也拔了牙齿。聚会便只有七个水妖了。那天晚上月色皎洁，但气氛比阴雨天还沉闷。嘤嘤当说：“都快二十年了，一点音信都没有。这颗牙齿，除了会疼，哪里会变成蓝色？我觉得，我们是等不到嘎啦嚓的召唤了。”这次聚会后不久，嘤嘤当、噗噗呱、呜哩哇和嘟噜嘟都拔了牙齿。后来的聚会便只剩下了三个水妖。咔啦咔情绪消沉，眼底都是沮丧和绝望。下一次聚会她便没有再出现。

忍受不住牙疼的水妖就这样一个接一个把牙齿拔掉了，只剩下喀喀莎和喃喃咕了。她们约好一定要等到嘎啦嚓的召唤。每逢牙疼的夜晚，她们就待在一起，一起打滚，一起呻吟，互相支撑，给彼此坚持下去的力量。

“一定会等到的，哎哟！”

“一定会的，哎哟哎哟！”

“我们不能忘记噗噜噜湖！哎哟……”

“绝对不能！哎哟哎哟……”

这样又过去漫长的二十年。

她们的皮肤渐渐粗糙起来，像松树的皮。喃喃咕能忍受牙疼，却不能忍受自己越来越丑的模样。

“我去看过帕帕提她们几个了，我们比她们丑太多啦。过几年，她们又会变回小孩的样子，有着娇嫩的皮肤和脸蛋，多好啊。”

喀喀莎立刻明白她说这话的意思，心一下子慌了：“喃喃咕，我们约好了的。”

“喀喀莎，我们放弃吧，不可能等到的。时间越长，我越不相信噗噜噜湖会有重新盈满的一天。唉，我差不多都忘记它是什么样子了。”

“怎么可能忘记？我一闭眼睛，就能清清楚楚地看见它，它就像一片蓝天飘落在大地上，这世界上没有比它更漂亮的湖了。”

在阅读精彩的故事时，我们要边读边积极开动脑筋，有所思考、善于提问。带着思考和疑问，我们的阅读会越来越深入。

有些情节可以略读，了解大意就行，个别字不认识，个别词语不理解，可以猜读或跳读。

活动一 每晚读故事

时间	章节	阅读评价
第 1 晚	第一章 水妖上岸	☆ ☆ ☆
第 2 晚	第二章 水妖拔牙	☆ ☆ ☆
第 3 晚	第三章 南霞村的蓝婆	☆ ☆ ☆
第 4 晚	第四章 土豆和蓝婆	☆ ☆ ☆
第 5 晚	第五章 蓝婆是水妖	☆ ☆ ☆
第 6 晚	第六章 喀喀莎闹牙疼	☆ ☆ ☆
第 7 晚	第七章 南霞村要赶走喀喀莎	☆ ☆ ☆
第 8 晚	第八章 喀喀莎离开	☆ ☆ ☆
第 9 晚	第九章 喀喀莎的牙齿蓝了	☆ ☆ ☆
第 10 晚	第十章 喀喀莎回到噗噜噜湖	☆ ☆ ☆
第 11 晚	第十一章 噗噜噜湖水正在归来	☆ ☆ ☆
第 12 晚	第十二章 寻找失忆水妖们	☆ ☆ ☆
第 13 晚	第十三章 喀喀莎成了一颗水珠	☆ ☆ ☆
第 14 晚	第十四章 噗噜噜湖重生 尾声	☆ ☆ ☆

同学们，每晚都要坚持读书哟！按时完成阅读能得到两颗星，如果在书上做批注或者记录下读书心得，可以得三颗星呢！

活动二　阅读分享

喀喀莎为了噗噜噜湖重生最后化成了一颗水珠。作者为什么设计这样的结尾呢？你想想喀喀莎名字的含义，再到书中找找与之相关联的线索，把你的收获整理下来和大家分享一下吧！

这样结尾的理由：________________

____

____

书中与之相关的线索：________________

____

____

____

____

____

____

____

____

阅读的收获：________________

____

____

敬　启

为编好这本书，我们与收入本书的作品（含图片）作者进行了广泛联系，得到了各位作者的大力支持。在此，我们表示衷心的感谢。但是，由于个别作者地址不详，虽经多方努力，仍无法取得联系。敬请各位有著作权的作者尽快与我们联系，以便我们支付稿酬，并致谢忱！

我们还要感谢使用本书的师生们。希望你们在使用本书的过程中，能够及时把意见和建议反馈给我们，对此，我们深表谢意，并将给予一定奖励。让我们携起手来，共同完成本书的建设工作。

联 系 人：梁老师　张老师

联系电话：010-58022100

联系邮箱：ztxx2008@sina.com

网　　址：http：//www.ywztxx.com

地　　址：北京市海淀区知春路7号致真大厦A座18层

图书在版编目（CIP）数据

慧眼观天下 / 孙传文主编. — 上海 : 上海教育出版社, 2021.6

ISBN 978-7-5720-0809-2

Ⅰ. ①慧… Ⅱ. ①孙… Ⅲ. ①阅读课—小学—教学参考资料 Ⅳ. ①G624.233

中国版本图书馆CIP数据核字（2021）第142041号

责任编辑　李光卫
封面设计　陈丽娟　王艺霖
著作权人　北京华樾教育科技有限公司

慧眼观天下

孙传文　主编

出版发行　上海教育出版社有限公司
官　　网　www.seph.com.cn
地　　址　上海市永福路 123 号
邮　　编　200031
印　　刷　山东新华印务有限公司
开　　本　720 × 1010　1/16　印张 36
字　　数　400千字
版　　次　2021年8月第1版
印　　次　2021年8月第1次印刷
书　　号　ISBN 978-7-5720-0809-2/G · 0625
定　　价　168.00元

如发现质量问题，请向本社调换　　电话 021-64377165